BEI GRIN MACHT SICH IHR WISSEN BEZAHLT

Emotionalisierungen im Nachrichtenjournalismus. Eine linguistische Analyse der ZEIT ONLINE in Python

Amelie Probst

Bibliografische Information der Deutschen Nationalbibliothek:

Die Deutsche Nationalbibliothek verzeichnet diese Publikation in der Deutschen Nationalbibliografie; detaillierte bibliografische Daten sind im Internet über http://dnb.d-nb.de abrufbar.

ISBN: 9783346346728
Dieses Buch ist auch als E-Book erhältlich.

© GRIN Publishing GmbH
Nymphenburger Straße 86
80636 München

Druck und Bindung: Books on Demand GmbH, Norderstedt Germany
Gedruckt auf säurefreiem Papier aus verantwortungsvollen Quellen

Das Buch bei GRIN: https://www.grin.com/document/988104

Universität Trier

Fachbereich II – Computerlinguistik und Digital Humanities

Vorlesung: Programmieren 1: Textprozessieren

Hausarbeit zum Abschluss des Moduls MA2DHU1009:
„Programmieren 1: Textprozessieren"

„Emotionalisierungen im Nachrichtenjournalismus
- Eine linguistische Analyse der *ZEIT ONLINE* in Python"

Abgabedatum: 31.10.2020

Verfasserin: Amelie Probst

Inhaltsverzeichnis

Abbildungsverzeichnis

1. Einleitung

Bilder von blutenden Kriegsopfern oder hungernden Kindern überfluten Fernsehnachrichten und lösen bei den Zuschauern Emotionen aus.[1] Es stellt sich die Frage, ob im Journalismus mit sprachlichen Mitteln vergleichbare Emotionalisierungen erzeugt werden. Im Gegensatz zum Nachrichtenjournalismus existieren im Boulevardjournalismus bereits zahlreiche Analysen, die Verfahren der sprachlichen Emotionalisierung untersuchen, wie zum Beispiel die Analyse *Textgestaltung und Verfahren der Emotionalisierung in der BILD-Zeitung* von Voss.[2] Grund dafür könnte aus Sicht der Verfasserin sein, dass der Boulevardjournalismus laut Lorenz sowie Neuberger und Kapern auf Emotionalisierungen ausgerichtet ist.[3] Der Nachrichtenjournalismus orientiert sich hingegen an Regeln wie Objektivität, Sachlichkeit und Neutralität.[4] Ausgehend davon stellt die Autorin sich die Frage, ob in Artikeln des Nachrichtenjournalismus, die nicht auf den ersten Blick durch plakative Überschriften oder einen affektischen Wortschatz auffallen, emotionalisierende Stilmittel zu finden sind.

Diese Arbeit verfolgt das Ziel mittels eines Python-Skriptes herauszuarbeiten, welche emotionalisierenden, sprachlichen Strategien in Artikeln der *ZEIT ONLINE* vorhanden sind. Angewendet wurde das Skript auf ein Untersuchungskorpus, das aus 20 Artikeln der *ZEIT ONLINE* aus dem Jahr 2020 besteht. Im Mittelpunkt der Hausarbeit steht die Entwicklung des Programmes aus der Fragestellung heraus, und nicht die Auswertung der Ergebnisse.

Bevor die Analysekriterien erläutert werden, sind die Termini *Emotion* und *Emotionalisierungen* zu definieren. Für den Terminus *Emotion* existiert keine allgemeingültige Definition.[5] Zentral für die vorliegende Arbeit ist die Definition der Emotionen als Gefühlsbewegungen, die im Kontrast zu Gefühlszuständen, auch Stimmungen genannt, nur kurz andauern.[6] Emotionen hängen mit kognitiven Prozessen, wie Bewertung oder Wahrnehmung, zusammen.[7] Realisiert werden Emotionen laut Schwarz-Friesel durch nonverbale Ausdrücke als Mimik und Gestik (Weinen, Lachen, etc.), körperliche Zustände (erhöhte Herzfrequenz, Schwitzen, etc.) und verbale Repräsentationsformen (auf Wort-, Satz-

---

[1] Anmerkung: Die Literaturverwaltung wurde in dieser Arbeit mit dem Programm *Zotero* vorgenommen. Zitiert wurde in der deutschen Zitierweise mit dem Zitierstil *Chicago Manual of Style*. Aus Gründen der besseren Lesbarkeit verwendet diese Arbeit sprachlich das generische Maskulinum und impliziert gleichermaßen die weibliche Form.
[2] Vgl. Cornelia Voss, *Textgestaltung und Verfahren der Emotionalisierung in der BILD-Zeitung* (Frankfurt am Main [u.a.]: Lang, 1999). S. 104
[3] Vgl. Christoph Neuberger und Peter Kapern, *Grundlagen des Journalismus* (Wiesbaden: Springer VS, 2013). S. 31; Dagmar Lorenz, *Journalismus*, 2. Aufl., Sammlung Metzler (J.B. Metzler, 2009). S. 158.
[4] Vgl. Neuberger und Kapern, *Grundlagen des Journalismus*. S. 31.
[5] Vgl. Heike Ortner, *Text und Emotion: Theorie, Methode und Anwendungsbeispiele emotionslinguistischer Textanalyse* (Tübingen: Narr, 2014). S. 13. Voss, *Verfahren der Emotionalisierung in der BILD-Zeitung*. S. 20.
[6] Vgl. Dieter Ulich, *Das Gefühl: eine Einführung in die Emotionspsychologie*, 2., durchges. und erg. Aufl. (München: Psychologie-Verl-Union, 1989). S. 29.
[7] Vgl. Ortner, *Text und Emotion*. S. 14.

und Textebene).[8] In Bezug auf die für diese Arbeit relevante ‚verbale Repräsentationsform' wird unter *Emotionalisierung* „der Prozess des Nachempfindens von Gefühlen verstanden, der bei der Lektüre in Gang gesetzt wird."[9] Emotionalisierungen spielen sich dabei immer auf Rezipientenebene ab, d.h. die in die Texte eingebauten Emotionen sollen beim Leser eigene Emotionen hervorrufen.[10] Inwiefern die emotionalen Effekte beim Rezipienten generiert werden, kann experimentell nicht einfach nachgewiesen werden.[11] Hierbei spielen verschiedene Faktoren eine Rolle, wie zum Beispiel Vorwissen des Rezipienten.[12] Im Rahmen dieser Arbeit werden deshalb nur potentiell emotionalisierende Strategien untersucht.

Emotionen lassen sich auf Wort-, Satz- und Textebene ausdrücken.[13] In dieser Ausarbeitung wurden zwei Analysekriterien auf Wortebene, auch morphologische Ebene genannt,[14] untersucht: die Verwendung von Diminutiven und Superlativen.[15] Des Weiteren wurden vier Analysekriterien auf Satzebene, auch syntaktische Ebene genannt,[16] analysiert: die durchschnittliche Satzlänge, der Anteil an Ausrufe-, Aufforderungs- und Fragesätzen sowie der Einsatz von Doppelpunkten und Gedankenstrichen.[17] Textspezifische Phänomene lassen sich unabhängig vom Kontext nur schwer bestimmen[18] und bleiben deshalb unbeachtet.

Die vorliegende Arbeit gliedert sich in fünf Kapitel. Nach der Einleitung im ersten Kapitel folgt im zweiten die Vorstellung des Untersuchungskorpus sowie der Analysekriterien. Anschließend wird im dritten Kapitel das Python-Skript erläutert. Im vierten Kapitel werden die Ergebnisse ausgewertet und reflektiert, sodass im fünften Kapitel davon ausgehend in das Fazit übergeleitet werden kann.

---

[8] Vgl. Monika Schwarz-Friesel, *Sprache und Emotion*, 2. Aufl. (Tübingen / Basel, 2013). S. 57.
[9] Voss, *Verfahren der Emotionalisierung in der BILD-Zeitung*. S. 20.
[10] Vgl. Voss. S. 20.
[11] Vgl. Voss. S. 22.
[12] Vgl. Schwarz-Friesel, *Sprache und Emotion*. S. 130.
[13] Vgl. Schwarz-Friesel. S. 134.
[14] Vgl. Helmut Glück und Michael Rödel, Hrsg., *Metzler Lexikon Sprache*, 5. Aufl. (Stuttgart, 2016). S. 446.
[15] Vgl. Andreas Wittwen, *Infotainment: Fernsehnachrichten zwischen Information und Unterhaltung* (Bern [u.a.]: Lang, 1995). S. 134; Ortner, *Text und Emotion*. S. 190-191; Voss, *Verfahren der Emotionalisierung in der BILD-Zeitung*. S. 58. Wittwen, *Infotainment*. S. 134.
[16] Vgl. Glück und Rödel, *Metzler Lexikon Sprache*. S. 697.
[17] Vgl. Wittwen, *Infotainment*. S. 134; Voss, *Verfahren der Emotionalisierung in der BILD-Zeitung*. S. 37-41, 44-46.
[18] Vgl. Schwarz-Friesel, *Sprache und Emotion*. S. 212-213.

2. Methodische Grundlagen

2.1 Untersuchungskorpus

Das Untersuchungskorpus enthält 20 randomisierte Artikel aus der *ZEIT ONLINE* 2020. Die Randomisierung wurde vorgenommen, indem im Archiv der *ZEIT ONLINE* jede zweite Ausgabe aus dem Jahr 2020 sondiert und daraus jeweils im Wechsel ein Artikel aus den Kategorien *Politik, Wirtschaft, Wissen, Kultur* und *Gesellschaft* gewählt wurde, der den folgenden Kriterien entspricht:

- Der Artikel hat eine maximale Länge von zwei Seiten.
- Der Artikel kann einer der tatsachenbetonten Darstellungsformen *Meldung, Nachricht* oder *Bericht*[19] zugeordnet werden.
- Der Artikel hat weder einen hohen Anteil an Grafiken und Schaubildern, die zum Verständnis der Artikel von zentraler Bedeutung sind, noch handelt es sich um einen Artikel, der aus einem Videobeitrag mit einem kurzen Text besteht. Grund hierfür ist, dass Bilder und Videos sich nicht in TXT Dateien einbetten lassen.

Für die Implementierung in Python wurden die Artikel in einer TXT Datei zusammengefasst. Die Korpus-Texte wurden nicht einzeln eingelesen, da ein Vergleich zwischen den unterschiedlichen Artikeln nicht Ziel der Arbeit ist. Bild- und Videounterschriften wurden beim Erstellen des Korpus vernachlässigt.

2.2 Analysekriterien

Auf morphologischer Ebene wurde das Korpus auf die Verwendung von Diminutiven und Superlativen untersucht.

Diminutive sind laut Ortner ein sprachliches Mittel der Emotionalisierung, das seine Wirkung erzielt, indem es Zuneigung oder Machtverhältnisse ausdrückt.[20] Unter Diminutiven werden substantivische Ableitungen verstanden, deren Merkmal in der Verkleinerung oder Verniedlichung besteht.[21] Diminutive werden meist durch die modifizierenden Suffixe *-lein* oder *-chen* gebildet[22] und wurden in der Analyse anhand dieser Suffixe herausgefiltert.

Superlative sind laut Wittwen, Voss sowie Ortner eine Strategie zur sprachlichen Emotionalisierung.[23] Sie erzielen ihre Wirkung, indem sie „[...] einer Aussage eine

---

[19] Vgl. Claudia Mast, Hrsg., *ABC des Journalismus: ein Handbuch*, 11., überarb. Aufl. (Konstanz: UVK-Verl-Ges, 2008). S. 259.
[20] Vgl. Ortner, *Text und Emotion*. S. 190.
[21] Vgl. Glück und Rödel, *Metzler Lexikon Sprache*. S. 151.
[22] Vgl. Glück und Rödel. S. 151.
[23] Vgl. Ortner, *Text und Emotion*. S. 191; Voss, *Verfahren der Emotionalisierung in der BILD-Zeitung*. S. 58; Wittwen, *Infotainment*. S. 134.

hochexpressive und sensationelle Wirkungskraft"[24] verleihen. Unter Superlativen wird die höchste Steigerungsstufe von Adjektiven verstanden,[25] wie zum Beispiel *beste* oder *meisten*. Superlative enden immer mit den Suffixen *-ste* oder *-sten*[26] und wurden in der Analyse anhand dieser Suffixe herausgefiltert.

Aus syntaktischer Ebene wurde die durchschnittliche Satzlänge, der Anteil an Ausrufe-, Aufforderungs- und Fragesätzen sowie das Vorkommen von Doppelpunkten und Gedankenstrichen analysiert.

Ein kurzatmiger Satzbau ist laut Wittwen, Voss sowie Mittelberg eine Strategie zur sprachlichen Emotionalisierung.[27] Unter ‚kurzatmigen Satzbauten' werden Sätze mit einer niedrigen Wortfrequenz verstanden,[28] die unter der durchschnittlichen Satzlänge des Schriftdeutschen von zwölf Wörtern pro Satz liegt.[29] Laut Voss erzeugen kurzatmige Satzbauten durch ständig wechselnde Ansätze Neugierde und innere Unruhe und suggerieren Spannung und dramatische Aufregung.[30] Dieses Kriterium wurde in der vorliegenden Arbeit operationalisiert, indem die durchschnittliche Wortanzahl pro Satz berechnet wurde.

Aufforderungs-, Ausrufe- und Fragesätze sind laut Wittwen, Voss sowie Mittelberg eine Strategie zur sprachlichen Emotionalisierung. Sie wirken laut Mittelberg emotionalisierend, da „[…] eine große Zahl von Aufforderungs-, Ausrufe- und Fragesätzen aggressiver die Aufmerksamkeit des Lesers erheischt als eine Syntax, die weitgehend vom verhaltenen Aussagesatz beherrscht wird."[31] Ihr Anteil wurde berechnet, indem die Fragezeichen und Ausrufezeichen gezählt und durch die Gesamtanzahl der Sätze geteilt wurden.

Eine weitere Strategie zur sprachlichen Emotionalisierung sind Doppelpunkte.[32] Ein Doppelpunkt, der ein Zitat, eine Folgerung, Aufzählung oder Begründung ankündigt,[33] bewirkt, dass semantisch bedeutsame Satzteile betont werden.[34] In dieser Arbeit wurde die Strategie operationalisiert, indem die Doppelpunkte herausgefiltert und gezählt wurden.

Die letzte untersuchte Strategie sind Gedankenstriche. Ein Gedankenstrich ist ein „Mittel der Interpunktion zur graph. Markierung von Parenthesen, freien Angaben, […] und

---

[24] Voss, *Verfahren der Emotionalisierung in der BILD-Zeitung*. S. 58.
[25] Vgl. Hadumod Bußmann, *Lexikon der Sprachwissenschaft*, 2., völlig neu bearb. Aufl. (Stuttgart: Kröner, 1990). S. 756.
[26] Vgl. Glück und Rödel, *Metzler Lexikon Sprache*. S. 690.
[27] Vgl. Ekkehart Mittelberg, *Wortschatz und Syntax der Bild-Zeitung* (Marburg: Elwert, 1967). S. 183; Voss, *Verfahren der Emotionalisierung in der BILD-Zeitung*. S. 37; Wittwen, *Infotainment*. S. 134.
[28] Vgl. Voss, *Verfahren der Emotionalisierung in der BILD-Zeitung*. S. 38.
[29] Vgl. Wolf Schneider, *Deutsch für Profis* (Hamburg: Goldmann, 1986). S. 82.
[30] Vgl. Voss, *Verfahren der Emotionalisierung in der BILD-Zeitung*. S. 37.
[31] Mittelberg, *Wortschatz und Syntax der Bild-Zeitung*. S. 194.
[32] Vgl. Voss, *Verfahren der Emotionalisierung in der BILD-Zeitung*. S. 44-45.
[33] Vgl. Glück und Rödel, *Metzler Lexikon Sprache*. S. 161.
[34] Vgl. Voss, *Verfahren der Emotionalisierung in der BILD-Zeitung*. S. 44-45.

Satzabbrüchen; in Zitaten zur Andeutung von Sprechpausen."[35] Gedankenstriche können laut Voss auf verschiedene Arten emotionalisierend wirken.[36] Beispielsweise wird durch die hervorgerufenen Sprechpausen Spannung erzeugt und beide Satzteile werden akzentuiert.[37] Die Strategie wurde in dieser Ausarbeitung operationalisiert, indem die Gedankenstriche herausgefiltert und gezählt wurden.

3. Erläuterung des Python-Skripts
3.1 Vorverarbeitung

Zum Schreiben dieses Programmes wurde Python in der Version *3.8.3rc1* mit der integrierten Entwicklungsumgebung *Thonny* verwendet. Zu Beginn der Implementierung (a.) wurde das Modul *re* mit regulären Ausdrücken[38] sowie die Bibliothek *spaCy* importiert, die verschiedene linguistische Algorithmen zur Verarbeitung natürlichsprachlicher Texte enthält.[39]

Anschließend wurde das Untersuchungskorpus in der Variablen *textfile* gespeichert (b.) und das deutsche Sprachmodell *de_core_news_sm* von spaCy in die Variable *nlp* geladen:

```
textfile = "Untersuchungskorpus_ZEITONLINE.txt"
nlp = spacy.load('de_core_news_sm')
```

Abbildung 1: Variablen

Die erste Funktion liest das Textkorpus ein (c.1):

```
def read_text(textfile):
    with open (textfile, 'r') as infile:
        text = infile.read()
        return text
```

Abbildung 2: Einlesen des Korpus

Im nächsten Schritt wurde eine Funktion zur Bereinigung des Korpus geschrieben (c.2):

```
def prepare_text(text):
    preparedText = text.lower()
    preparedText = re.sub("[\W|\d]", " ", preparedText)
    preparedText = re.sub("\s\s+", " ", preparedText)
    return preparedText
```

Abbildung 3: Bereinigung des Korpus

Mit der Methode *lower()* werden alle Großbuchstaben in Kleinbuchstaben umgewandelt. Der reguläre Ausdruck *re.sub("[\W\d]", " ", preparedText)* ersetzt jedes Zeichen, das kein Unicode-

---

[35] Glück und Rödel, *Metzler Lexikon Sprache*. S. 224.
[36] Vgl. Voss, *Verfahren der Emotionalisierung in der BILD-Zeitung*. S. 45.
[37] Vgl. Voss. S. 45.
[38] Vgl. Ralph Steyer, *Programmierung in Python: Ein kompakter Einstieg für die Praxis* (Springer Vieweg, 2018). S. 198.
[39] Vgl. Yuli Vasiliev, *Natural Language Processing with Python and SpaCy: A Practical Introduction* (No Starch Press, 2020). S. 20.

Wortzeichen ist und jede Zahl durch ein Leerzeichen. Mit dem regulären Ausdruck *re.sub("\s\s+", " ", preparedText)* werden die doppelten Leerzeichen, die durch den vorherigen Schritt entstanden sind, entfernt. Die Variable *preparedText* wird zurückgegeben. Sie beinhaltet alle Wörter des Korpus in Kleinschreibung, ohne Interpunktion und Zahlen. Die Variable wurde erstellt, da für einige Funktionen der Textanalyse das bereinigte Korpus benötigt wurde. Für andere Funktionen, wie zum Beispiel das Ermitteln der Anzahl an Fragesätzen, wurde der unbereinigte Text mit Satzzeichen benötigt. Hierfür wurde in den jeweiligen Funktionen die Variable *text,* die den unbereinigten Text enthält, als Eingabewert verwendet.

3.2 Morphologische Ebene

Auf morphologischer Ebene wurden anhand von drei Funktionen zuerst die Diminutive summiert. Diminutive sind immer Substantive,[40] deshalb filtert die erste Funktion (d.1.1) die Substantive mit einem Part-of-Speech (POS) Tagger heraus. *POS-Tagging* ist „die Zuweisung von Wortartenlabels, die man als Part-of Speech-Tags […] bezeichnet, zu einzelnen Items im Korpus."[41] Grundlage für die Zuweisung sind Tagsets.[42] In dieser Arbeit wurde der POS-Tagger von spaCy verwendet, der das Annotationsschema *TIGER Treebank* anwendet.[43] Der POS-Tagger wurde wie folgt in die Funktion eingebaut:

```
def find_nouns(preparedText):
    doc = nlp(preparedText)
    Nouns = [token.text for token in doc if token.pos_ == "NOUN"]
    return Nouns
```

Abbildung 4: Herausfiltern der Substantive mit dem POS-Tagger

Um die linguistischen Annotationen über Methoden abzufragen, wurde das Modul *nlp* aufgerufen, auf den vorverarbeiteten Text angewendet und in der Variable *doc* gespeichert. Anschließend wurde eine Liste mit Nomen erstellt und in der Variable *Nouns* gespeichert. Diese Liste wurde erstellt, indem die Substantive mit dem POS-Tag *NOUN* herausgefiltert wurden. Die Variable *Nouns* ist der Rückgabewert und dient für die beiden folgenden Funktionen als Eingabeparameter. Alternativ hätte als Parameter für die zwei folgenden Funktionen auch der vorverarbeitete Text (Variable *preparedText)* verwendet werden können. Die Eingabe wurde jedoch bewusst auf Substantive beschränkt, um die Anzahl fehlerhafter Bestimmungen zu

---

[40] Vgl. Glück und Rödel, *Metzler Lexikon Sprache.* S. 151.
[41] Swantje Westpfahl, *POS-Tagging für Transkripte gesprochener Sprache: Entwicklung einer automatisierten Wortarten-Annotation am Beispiel des Forschungs- und Lehrkorpus Gesprochenes Deutsch (FOLK)* (Tübingen: Narr Francke Attempto, 2020). S. 13.
[42] Vgl. Westpfahl. S. 13.
[43] Vgl. „Annotation Specifications. Schemes Used for Labels, Tags and Training Data.", spaCy API Documentation, zugegriffen 19. August 2020, https://spacy.io/api/annotation.

reduzieren, denn neben Diminutiven enden zahlreiche andere Wörter mit den Suffixen *-chen* oder *-lein,* wie ‚abgleichen'.

Die zweite Funktion (d.1.2) gibt die Diminutive gemeinsam mit ihrer jeweiligen Anzahl in einem Dictionary aus:

```
def find_diminutive(Nouns):
    diminutiveDictionary = {}
    for Element in Nouns:
        diminutive = Element.endswith(("chen", "lein"))
        if diminutive is True:
            if not Element in diminutiveDictionary:
                diminutiveDictionary[Element] = 0
            diminutiveDictionary[Element] += 1
    return diminutiveDictionary
```

Abbildung 5: Funktion zur Ausgabe der einzelnen Diminutive mit ihrer Anzahl in einem Dictionary

Zunächst wurde ein leeres Dictionary (*diminutiveDictionary)* erstellt. Ein Dictionary ist ein Datentyp, der aus Schlüssel-Objekt-Paaren (Key-Value-Paaren) besteht.[44] Der Datentyp wurde gewählt, da so im Gegensatz zu einer Liste nicht nur die Namen der Diminutive ausgegeben werden, sondern die Namen der Diminutive (Schlüssel) gemeinsam mit ihrer Anzahl (Objekt). Ein Schlüssel-Wert-Paar in diesem Dictionary sieht zum Beispiel folgendermaßen aus: *'skandälchen': 1*. Dieses Dictionary ermöglicht es im Rahmen der Auswertung der Ergebnisse einzuschätzen, wie viele der als Diminutive deklarierten Wörter tatsächlich Diminutive sind, da auch andere Nomen auf ‚-chen' oder ‚-lein' enden. Nach dem Erstellen des leeren Dictionary wurde mit einer for-Schleife über jedes Element, d.h. jedes Nomen, in der Liste *Nouns* iteriert. In der Schleife wurde die Variable *diminutive* erstellt, die mit der Methode *endswith()* für jedes Element der Liste ermittelt, ob es auf die Suffixe *-chen* oder *-lein* endet. Die Methode *endswith()* liefert als Ergebnisse die booleschen Werte *True* oder *False* zurück. Für alle Elemente (Nomen), die in der Variablen *diminutive* den booleschen Wert *true* liefern, wurde mit einer if-Bedingung festgelegt: Wenn das Element (Nomen) noch nicht in dem Dictionary *diminutiveDictionary* ist, füge es hinzu. Falls das Elemente (Nomen) schon in dem Dictionary *diminutiveDictionary* ist, erhöhe den Zähler um eins.

Die dritte Funktion (d.1.3) berechnet die Gesamtanzahl der Diminutive im Korpus:

```
def count_diminutive(Nouns):
    countDiminutive = 0
    for Element in Nouns:
        if Element.endswith(("chen", "lein")):
            countDiminutive += 1
    return countDiminutive
```

Abbildung 6: Funktion zur Ermittlung der Gesamtanzahl der Diminutive

---

[44] Vgl. Steyer, *Programmierung in Python.* S. 129.

7

Zunächst wurde in der Variablen *countDiminutive* ein ,Counter' angelegt und mit dem Wert *0* initialisiert. Mit einer For-Schleife wurde über jedes Element in der Liste *Nouns* iteriert und der Counter immer um eins erhöht, wenn das Element, also das Nomen, mit dem Suffix *-chen* oder *-lein* endet. Die Variable *countDiminutive* wird zurückgegeben und liefert die Gesamtanzahl der Diminutive im Korpus.

Das zweite Analysekriterium auf morphologischer Ebene sind Superlative. Analog zu dem Vorgehen bei den Diminutiven wurden hier zunächst die Adjektive mit einem POS-Tagger herausgefiltert, da Superlative immer Adjektive sind:[45]

```
def find_adjective(preparedText):
    doc = nlp(preparedText)
    Adjektive = [token.text for token in doc if token.pos_ == "ADJ"]
    return Adjektive
```

Abbildung 7: Herausfiltern der Adjektive mit dem POS-Tagger

Diese Funktion (d.2.1) ist identisch zu der Funktion *find_Nouns()* der Diminutive (d.1.1) mit dem Unterschied, dass die Adjektive mit dem POS-Tag *ADJ* herausgefiltert wurden. Die Variable *Adjektive,* die eine Liste aller Adjektive enthält, ist der Rückgabewert und dient für die beiden folgenden Funktionen als Eingabeparameter. Auch hier hätte alternativ der vorverarbeitete Text (*preparedText*) als Eingabeparameter verwendet werden können. Dies hätte zu vielen fehlerhaften Zuordnungen geführt, da es einige Wörter gibt, die mit den Suffixen *-sten* oder *-ste* enden und keine Superlative sind, wie ,Abgabefristen', ,Verluste' oder ,fasten'.

Die zweite Funktion (d.2.2) gibt die Superlative, analog zu der zweiten Funktion der Diminutive (d.1.2), gemeinsam mit ihrer jeweiligen Anzahl in einem Dictionary aus:

```
def find_superlative(Adjektive):
    SuperlativeDictionary = {}
    for Element in Adjektive:
        superlative = Element.endswith(("sten", "ste"))
        if superlative is True:
            if not Element in SuperlativeDictionary:
                SuperlativeDictionary[Element] = 0
            SuperlativeDictionary[Element] += 1
    return  SuperlativeDictionary
```

Abbildung 8: Funktion zur Ausgabe der einzelnen Superlative mit ihrer Anzahl in einem Dictionary

Anschließend wurde konform zu der dritten Funktion der Diminutive (d.1.3) eine Funktion erstellt, die die Gesamtanzahl der Superlative im Korpus berechnet (d.2.3):

---

[45] Vgl. Bußmann, *Lexikon der Sprachwissenschaft.* S. 756.

```
def count_superlative(Adjektive):
    countSuperlative = 0
    for Element in Adjektive:
        if Element.endswith(("sten", "ste")):
            countSuperlative += 1
    return countSuperlative
```

Abbildung 9: Funktion zur Ermittlung der Gesamtanzahl der Superlative

Die Funktionen d.2.2 und d.2.3 sind, bis auf die Endungen in der Methode *endswith()*, identisch zu den Funktionen d.1.2 und d.1.3 der Diminutive und werden deshalb nicht erneut beschrieben.

3.3 Syntaktische Ebene

Bei der Analyse auf syntaktischer Ebene wurde zuerst die durchschnittliche Wortanzahl pro Satz berechnet. Hierfür wurden drei Funktionen geschrieben. Die erste Funktion berechnet die Anzahl der Sätze (e.1.1):

```
def count_sentences(text):
    end_of_record = '.?!'
    countSentences = 0
    for Element in text:
        if Element in end_of_record:
            countSentences +=1
    return countSentences
```

Abbildung 10: Berechnung der Gesamtanzahl an Sätzen

Als Argument dient die Variable *text* mit dem unbereinigten Korpus, denn zur Ermittlung der Satzanzahl wird der unbereinigte Text mit Satzzeichen benötigt. Zur Berechnung wurde zunächst eine Variable *end_of_record* erstellt, der als Wert ein String bestehend aus den drei Satzzeichen „.?!' zugewiesen wurde. Anschließend wurde eine Variable *countSentences* als ‚Counter' mit dem Wert *0* initialisiert. Mit einer For-Schleife wurde über jedes Zeichen in dem unbereinigten Text *(text)* iteriert und der Zähler *countSentences* um 1 erhöht, wenn das Zeichen sich in der Variablen *end_of_record* finden lässt, also ein Satzzeichen ist.

Mit der zweiten Funktion (e.1.2) wurde die Anzahl der Wörter berechnet:

```
def count_words(preparedText):
    words = preparedText.split()
    countWords = len(words)
    return countWords
```

Abbildung 11: Berechnung der Gesamtanzahl an Wörtern

Diese Funktion erhält als Argument den bereinigten Text *(preparedText)*, da die Satzzeichen hier nicht relevant sind. Der bereinigte Text wurde mit der Methode *split()* an jedem Leerzeichen getrennt, sodass eine Liste *(words)* erstellt wurde, in der jedes Wort ein Listenelement ist. Die Anzahl der Wörter *(countWords)* konnte nun ermittelt werden, indem die Anzahl der Elemente in der Liste mit der Funktion *len()* berechnet wurde.

Mit der dritten Funktion (e.1.3) wurde die durchschnittliche Wortanzahl pro Satz berechnet, indem die Anzahl der Wörter (*countWords*) mit der Funktion *int()* in einen Integer umgewandelt und durch die Anzahl der Sätze (*countSentences*) geteilt wurde:

```
def avg_wordsPerSentence(countSentences, countWords):
    avgWordsPerSentence = int(countWords) / countSentences
    return avgWordsPerSentence
```

Abbildung 12: Berechnung der durchschnittlichen Wortanzahl pro Satz

Als zweites wurde auf syntaktischer Ebene der prozentuale Anteil der Aufforderungs- und Ausrufe- und Fragesätze an der Gesamtanzahl der Sätze berechnet. Dazu wurden zunächst die Aufforderungs- und Ausrufesätze gezählt:

```
def count_exclamatorySentences(text):
    end_of_record = '!'
    CountExclamatorySentences = 0
    for Zeichen in text:
        if Zeichen in end_of_record:
            CountExclamatorySentences +=1
    return CountExclamatorySentences
```

Abbildung 13: Berechnung der Gesamtanzahl an Aufforderungs- und Ausrufesätzen

Wie die Funktion (e.2.1) zeigt, wurde als Indikator für die Berechnung das Satzzeichen ‚!‘ gewählt. Erneut wurde ein ‚Counter‘ erstellt und mit dem Wert ‚0‘ initialisiert. Anschließend wurde über jedes Zeichen des unbereinigten Textes (*text*) iteriert und der Counter (*CountExclamatorySentences*) immer um eins erhöht, wenn das Zeichen sich in der Variablen *end_of_record* befindet, also ein Ausrufezeichen ist. Analog dazu wurde auch die Anzahl der Fragesätze ermittelt (e.2.2). Hier wurde der Variablen *end_of_record* ein ‚?‘ als Wert zugewiesen.

Der prozentuale Anteil der Aufforderungs- und Ausrufesätze an der Gesamtanzahl der Sätze wurde berechnet, indem die Anzahl der Aufforderungs- und Ausrufesätze (*CountExclamatorySentences*) durch die Gesamtanzahl der Sätze (*countSentences*) geteilt und mit 100 multipliziert wurde (e.2.3):

```
def percentage_exclamatorySentences(CountExclamatorySentences, countSentences):
    percentageExclamatorySentences = (CountExclamatorySentences/countSentences)*100
    return percentageExclamatorySentences
```

Abbildung 14: Berechnung des prozentualen Anteils der Aufforderungs- und Ausrufesätze an der Gesamtanzahl der Sätze

Analog dazu wurde der prozentuale Anteil der Fragesätze an der Gesamtanzahl der Sätze berechnet (e.2.4).

Die Anzahl an Doppelpunkten im Korpus wurde wie folgt ermittelt (e.3):

```
def count_colons(text):
    colon = ':'
    CountColons = 0
    for Zeichen in text:
        if Zeichen in colon:
            CountColons +=1
    return CountColons
```

Abbildung 15: Berechnung der Anzahl an Doppelpunkten

Zuerst wurde eine Variable *colon* erstellt, der als Wert der String ,: ' zugewiesen wurde. Danach wurde ein ,Counter' (*CountDashs*) erstellt und mit dem Wert ,0' initialisiert. Mit einer For-Schleife wurde über jedes Zeichen im unbereinigten Text *(text)* iteriert und der Zähler für jedes Zeichen, dass sich in der Variablen *colon* befindet, also ein Doppelpunkt ist, um eins erhöht.

Analog dazu wurde die Anzahl an Gedankenstrichen ermittelt (e.4):

```
def count_dashs(text):
    dash = '-'
    CountDashs = 0
    for Zeichen in text:
        if Zeichen in dash:
            CountDashs +=1
    return CountDashs
```

Abbildung 16: Berechnung der Anzahl an Gedankenstrichen

Die in 3.2 und 3.3 beschrieben Funktionen werden im folgenden Kapitel aufgerufen.

3.4 Main

In der Hauptfunktion *main()* (f.) wurden alle zur Analyse des Korpus erstellten Funktionen aufgerufen und die Ergebnisse mit dem Befehl *print()* in der Shell ausgegeben:

```
def main(textfile):
    text = read_text(textfile)
    preparedText = prepare_text(text)
    Nouns = find_nouns(preparedText)
    diminutiveDictionary = find_diminutive(Nouns)
    print('Diminutive mit der Anzahl ihrer Vorkommen: ' + str(diminutiveDictionary))
    countDiminutive = count_diminutive(Nouns)
    print('Gesamtanzahl der Diminutive: ' + str(countDiminutive))
    Adjektive = find_adjective(preparedText)
    SuperlativeDictionary = find_superlative(Adjektive)
    print('Superlative mit der Anzahl ihrer Vorkommen: ' + str(SuperlativeDictionary))
    countSuperlative = count_superlative(Adjektive)
    print('Gesamtanzahl der Superlative: ' + str(countSuperlative))
    countSentences = count_sentences(text)
    print('Gesamtanzahl der Sätze: ' + str(countSentences))
    countWords = count_words(preparedText)
    print('Gesamtanzahl der Wörter: ' + str(countWords))
    avgWordsPerSentence = avg_wordsPerSentence(countSentences, countWords)
    print('Durchschnittlichen Wortanzahl pro Satz: ' + str(avgWordsPerSentence))
    CountExclamatorySentences = count_exclamatorySentences(text)
    print('Gesamtanzahl der Aufforderungs- und Ausrufesätze: ' + str(CountExclamatorySentences))
    CountQuestionSentences = count_questionSentences(text)
    print('Gesamtanzahl der Fragesätze: ' + str(CountQuestionSentences))
    percentageExclamatorySentences = percentage_exclamatorySentences(CountExclamatorySentences, countSentences)
    print('Prozentualer Anteil der Aufforderungs- & Ausrufesätze: ' + str(percentageExclamatorySentences))
    percentageQuestionSentences = percentage_questionSentences(CountQuestionSentences, countSentences)
    print('Prozentualer Anteil der Fragesätze: ' + str(percentageQuestionSentences))
    CountColons = count_colons(text)
    print('Gesamtanzahl der Doppelpunkte: ' + str(CountColons))
    CountDashs = count_dashs(text)
    print('Gesamtanzahl der Gedankenstriche: ' + str(CountDashs))
```

Abbildung 17: Hauptfunktion

4. Ergebnisse

4.1 Darstellung in der Shell

Die Ergebnisse wurden in der Shell wie folgt dargestellt:

```
Diminutive mit der Anzahl ihrer Vorkommen: {'menschen': 33, 'versuchen': 1, 'epochen': 1, 'wochen': 7
, 'verbrauchen': 1, 'brauchen': 3, 'seuchen': 1, 'deutschen': 1, 'bolschewistischen': 1, 'vorzeichen'
: 1, 'griechen': 4, 'schwächen': 1, 'versprechen': 2, 'teilchen': 1, 'skandälchen': 1, 'kleinklein':
1, 'zischen': 1, 'zeichen': 3, 'erreichen': 1, 'ungebrochen': 1, 'gesellschaftsbereichen': 1}
Gesamtanzahl der Diminutive: 67
Superlative mit der Anzahl ihrer Vorkommen: {'nächste': 3, 'erste': 9, 'wichtigste': 1, 'ersten': 8,
'unterbewussten': 1, 'allerneuesten': 1, 'besten': 2, 'wussten': 1, 'obersten': 1, 'radikalsten': 1,
'faschisten': 1, 'jüngste': 1, 'nachsten': 3, 'äußersten': 1, 'robusten': 1, 'oberste': 1, 'jüngsten'
: 2, 'wichtigsten': 1, 'erlösten': 1}
Gesamtanzahl der Superlative: 40
Gesamtanzahl der Sätze: 1023
Gesamtanzahl der Wörter: 15205
Durchschnittlichen Wortanzahl pro Satz: 14.863147605083089
Gesamtanzahl der Aufforderungs- und Ausrufesätze: 16
Gesamtanzahl der Fragesätze: 67
Prozentualer Anteil der Aufforderungs- & Ausrufesätze: 1.5640273704789833
Prozentualer Anteil der Fragesätze: 6.549364613880742
Gesamtanzahl der Doppelpunkte: 161
Gesamtanzahl der Gedankenstriche: 184
```

Abbildung 18: Darstellung der Ergebnisse in der Shell

Eine einfache Ausgabe in der Shell ist ausreichend, da mit den Daten nicht weitergearbeitet wird. Hätten mit den Daten weitere statistische Analysen durchgeführt werden sollen, wäre eine Darstellung als Dataframe oder ein Export in eine CSV-Datei besser geeignet gewesen.

4.2 Auswertung und Reflexion

Im Folgenden werden die Ergebnisse der linguistischen Analyse quantitativ ausgewertet und parallel dazu Schwächen des Programmes analysiert. Die Ergebnisse der quantitativen Analyse sind in der folgenden Tabelle dargestellt:

Sprachliche Strategie	Anzahl / Anteil
Diminutive	67
Superlative	40
Durchschnittliche Wortanzahl pro Satz	14,86
Prozentualer Anteil der Aufforderungs- & Ausrufesätze an der Gesamtanzahl der Sätze	1,56 %
Prozentualer Anteil der Fragesätze an der Gesamtanzahl der Sätze	6,55 %
Doppelpunkte	161
Gedankenstriche	184

Tabelle 1: Ergebnisse der linguistischen Analyse der Emotionalisierungen (eigene Darstellung)

Die emotionalisierenden Strategien *Diminutive* und *Superlative* konnten mehrfach im Korpus gefunden werden. Insgesamt waren es 67 Diminutive und 40 Superlative. In Relation zur Gesamtanzahl der Wörter (15205) ist ihr Anteil jedoch gering. Der Anteil der Diminutive an der Gesamtanzahl der Wörter beträgt 0,44 Prozent und der Anteil der Superlative 0,26 Prozent. Die Aussagekraft der Ergebnisse ist einzuschränken, da es sowohl bei den Diminutiven als auch bei den Superlativen fehlerhafte Bestimmungen gab. Bei den Diminutiven sind nur die als Diminutiv eingeordneten Substantive ‚teilchen' und 'skandälchen' tatsächlich Diminutive. Bei allen anderen handelt es sich um Nomen, die zwar auf die Suffixe *-chen* oder *-lein* enden, aber keine Diminutive sind, wie ‚epochen' oder ‚wochen'. Folglich kann dem Korpus kein emotionalisierendes Potential aufgrund des Einsatzes von Diminutiven zugewiesen werden, denn zwei Diminutive sind bei einer Wortanzahl von 15205 Wörtern mathematisch vernachlässigbar. Bei den Superlativen hat die Zuordnung zuverlässiger funktioniert, es gab lediglich vier fehlerhafte Zuordnungen: ‚unterbewussten', ‚faschisten', ‚robusten' und ‚erlösten'. Insgesamt wurden, abzüglich der vier fehlerhaft bestimmten, 36 Superlative gefunden. Diese Anzahl ist bei einer Wortanzahl von 15205 nicht auffallend hoch, deutet aber dennoch auf eine leichte Tendenz zur Emotionalisierung hin.

Die durchschnittliche Wortanzahl beträgt 14,86 Wörter pro Satz. Dieser Wert liegt über der durchschnittlichen Satzlänge im Schriftdeutschen, die zwölf Wörter pro Satz beträgt.[46] Die durchschnittliche Satzlänge ist leicht nach oben verfälscht, da die Sätze anhand der Interpunktionen *Punkt, Fragezeichen* und *Ausrufezeichen* gezählt wurden. Die Überschriften der Artikel sind jedoch auch Sätze, enden aber nicht mit einer Interpunktion und wurden deshalb nicht als einzelner Satz gezählt. Dieses Problem ließe sich lösen, indem hinter jede Überschrift manuell ein Semikolon eingefügt wird und dieses in der Funktion mit ausgewertet wird. Im Rahmen der vorliegenden Arbeit hat die Autorin diese Abweichung aufgrund der kleinen Korpusgröße von 20 Artikeln, d.h. 20 Überschriften, jedoch als mathematisch vernachlässigbar erachtet. Bei größeren Korpusanalysen müssten entsprechende Anpassungen durchgeführt werden. Zusammenfassend wurde im Untersuchungskorpus keine emotionalisierende Wirkung aufgrund eines kurzatmigen Satzbaus nachgewiesen.

Der prozentuale Anteil der Aufforderungs- & Ausrufesätze an der Gesamtanzahl der Sätze beträgt 1,56 Prozent und der Anteil der Fragesätze 6,55 Prozent. Insgesamt sind folglich 8,11 Prozent der Sätze keine Aussagesätze. Die emotionalisierende Strategie *Aufforderungs-, Ausrufe- und Fragesätze* kann im Korpus zwar nachgewiesen werden, die dadurch entstehende emotionalisierende Wirkung ist aufgrund des geringen Anteils (8,11 Prozent) jedoch schwach. Laut Mittelberg wirkt eine Syntax insbesondere dann, wenn sie von Aufforderungs-, Ausrufe-

---

[46] Vgl. Schneider, *Deutsch für Profis*. S. 82.

und Fragesätzen dominiert wird, emotionalisierend.[47] In dem Untersuchungskorpus dominiert der Anteil an Aussagesätzen mit 91,89 Prozent jedoch deutlich.

Die Anzahl an Doppelpunkten (161) und Gedankenstrichen (184) ist im Korpus hoch. Der ermittelte Wert der Gedankenstriche ist nach oben verfälscht, da im Skript alle Bindestriche gezählt wurden, d.h. auch diejenigen, die nicht als Gedankenstriche, sondern zur Verbindung zweier Wörter eingesetzt wurden. Aufgrund der hohen Werte und der minimalen Verfälschungen ist dennoch anzunehmen, dass durch diese zwei Strategien Emotionalisierungen erzeugt wurden.

5. Fazit

In der vorliegenden Arbeit wurde ein Python-Skript erstellt mit dem Ziel, den Einsatz sprachlicher Strategien der Emotionalisierung in der *ZEIT ONLINE* zu analysieren. Konkret sollte die Frage beantwortet werden, welche emotionalisierenden, sprachlichen Strategien in Artikeln der *ZEIT ONLINE* vorhanden sind.

Zusammenfassend lässt sich sagen, dass den Artikeln der *ZEIT ONLINE* ein schwach emotionalisierendes Potential zugeschrieben werden kann. Ein stark emotionalisierendes Potential wird ausgeschlossen, da nur vier der sechs untersuchten, emotionalisierenden Strategien im Korpus bestätigt werden konnten und zwei der vier nachweisbaren Strategien in sehr geringem Ausmaß vorkamen. Nicht im Korpus zu finden waren die Strategien *Diminutive* und *kurzatmiger Satzbau*. Die Strategien *Superlative* und *Aufforderungs-, Ausrufe- und Fragesätze* wurden zwar eingesetzt, ihr Anteil war im Verhältnis zur Korpuslänge jedoch gering. Deshalb ist ihr emotionalisierendes Potential begrenzt. Eindeutig emotionalisierendes Potential haben die Strategien *Doppelpunkte* und *Gedankenstriche*, die im Verhältnis zur Korpuslänge in hoher Anzahl nachgewiesen werden konnten. Vergleicht man die Ergebnisse dieser Arbeit mit denen der Analyse der *BILD-Zeitung* von Voss, so lässt sich zeigen, dass das emotionalisierende Potential in der *ZEIT ONLINE* deutlich geringer ist als das in der *BILD-Zeitung*.[48]

Die Gültigkeit der Ergebnisse ist jedoch einzuschränken. Für allgemeingültige Ergebnisse wäre die Analyse eines größeren Korpus und weiterer sprachlicher Strategien der Emotionalisierung erforderlich gewesen, wie zum Beispiel direkte Rede, Doppelkonstruktionen oder ein affektischer Wortschatz.[49] Auch die technischen Schwächen des Programmes, die die

---

[47] Vgl. Mittelberg, *Wortschatz und Syntax der Bild-Zeitung*. S. 194.
[48] Vgl. Voss, *Verfahren der Emotionalisierung in der BILD-Zeitung*. S. 36-41, S. 44-46, S.58-59.
[49] Vgl. Voss. S. 62; Wittwen, *Infotainment*. S. 134.

Ergebnisse teilweise verfälscht haben, müssten ausgebessert werden. Eine Möglichkeit, um die Suche nach Diminutiven zuverlässiger zu gestalten wäre zum Beispiel, anstatt einer Suffixsuche eine Liste mit Diminutiven in das Programm einzulesen und jedes Wort aus dem Korpus mit dieser Liste abzugleichen.

Aus der vorliegenden Arbeit ergeben sich zahlreiche interessante Themen für Anschlussarbeiten, zum Beispiel eine größere Korpusanalyse, die Strategien der Emotionalisierung einer nachrichtenjournalistischen mit einer boulevardjournalistischen Zeitung vergleicht. Interessant ist auch die Frage, inwiefern sich verschiedene Zeitungen des Nachrichtenjournalismus in ihrem Emotionalisierungspotential unterscheiden. Ferner wäre ein interessantes, aktuelles Thema die Untersuchung der Emotionalisierungstendenzen in der Berichterstattung zu COVID-19. Hier würde es sich insbesondere anbieten zu untersuchen, in welchem Ausmaß affektische Wörter eingesetzt werden. Dies könnte operationalisiert werden, indem jedes Wort des Untersuchungskorpus mit der Bibliothek *spaCy* lemmatisiert und anschließend geprüft wird, ob das Wort in Dornseiffs Werk *Der deutsche Wortschatz nach Sachgruppen* in dem Kapitel *Fühlen. Affekte. Charaktereigenschaften.* vorkommt.[50] Auch Sentiment-Analysen eigen sich zur Untersuchung von Emotionalisierungstendenzen. Hierfür könnte die deutschsprachige NLP-Bibliothek *textblob-de* verwendet werden, die sich allerdings noch im Entwicklungsstadium befindet.[51]

Wie die vorliegende Arbeit gezeigt hat, eigenen sich Python-Programme gut als Analysewerkzeug für quantitative, linguistische Analysen. Es bleibt gespannt abzuwarten, inwiefern Python-Programme in Zukunft für linguistische Analysen genutzt werden und wie sich entsprechende Python-Bibliotheken weiterentwickeln bzw. neue Bibliotheken entstehen werden.

---

[50] Vgl. Franz Dornseiff, *Der deutsche Wortschatz: Der deutsche Wortschatz nach Sachgruppen* (Berlin: De Gruyter, 2020, 2020). S. 301-338.
[51] Vgl. Markus Killer, „Textblob-de Documentation, Release 0.4.4a1", 2019, https://readthedocs.org/projects/textblob-de/downloads/pdf/latest/. S. 1.

Literaturverzeichnis

Primärliteratur

Bahnsen, Ulrich. „Covid-19: Bin ich Blutgruppe 0?". *Die Zeit 26/2020*. 17. Juni 2020, Abschn. Wissen. https://www.zeit.de/2020/26/covid-19-krankheitsverlauf-blutgruppe-0.

Böhm, Andrea, Heike Buchter, und Michael Thumann. „Coronavirus in den USA: Verletzliche Supermacht". *Die Zeit 14/2020*. 25. März 2020, Abschn. Wirtschaft. https://www.zeit.de/2020/14/coronavirus-usa-gesundheitssystem-versicherung-versorgung.

Buchter, Heike. „Ölpreise: Plastik statt Benzin". *Die Zeit 4/2020*. 21. Januar 2020, Abschn. Wirtschaft.   https://www.zeit.de/2020/04/oelpreise-golfstaaten-usa-fracking-technologie-exxonmobil-plastikprodukton/komplettansicht.

Dieckmann, Christoph. „Manfred Stolpe: Ein Mann mit zwei Leben". *Die Zeit 2/2020*. 2. Januar 2020, Abschn. Politik. https://www.zeit.de/2020/02/manfred-stolpe-brandenburg-ministerpraesident-tod-nachruf.

Finger, Evelyn. „Papst Benedikt XVI.: Ratzinger, gegen seine Liebhaber verteidigt". *Die Zeit 20/2020*. 6. Mai 2020, Abschn. Gesellschaft. https://www.zeit.de/2020/20/papst-benedikt-xvi-joseph-ratzinger-skandale.

Flügge, Erik. „Gesellschaftsbild: Katholische Zeitreisen". *Die Zeit 40/2020*. 25. September 2020, Abschn. Gesellschaft. https://www.zeit.de/2020/40/gesellschaftsbild-katholische-kirche-frauen-tenet-film.

Fulterer, Ruth. „Pink Lady: Diese Äpfel werden überwacht". *Die Zeit 34/2020*. 17. August 2020,   Abschn.   Wirtschaft.   https://www.zeit.de/2020/34/pink-lady-apfel-sorte-anbau-landwirtschaft-kontrolle/komplettansicht.

Hähnig, Anne. „Maskenpflicht in Jena: Die Masken-Wut". *Die Zeit 30/2020*. 16. Juli 2020, Abschn.   Gesellschaft.   https://www.zeit.de/2020/30/maskenpflicht-jena-corona-krisenmanagement/komplettansicht.

Hartung, Manuel J. „Abitur: Der Zweifel". *Die Zeit 16/2020*. 7. April 2020, Abschn. Wissen. https://www.zeit.de/2020/16/abitur-pruefungen-corona-krise-zweifel.

Krupa, Matthias. „Europäische Union: Gesicht gewahrt". *Die Zeit 32/2020*. 30. Juli 2020, Abschn. Politik. https://www.zeit.de/2020/32/europaeische-union-sondergipfel-viktor-orban-eu-kommission/komplettansicht.

Kümmel, Peter. „Theater: Geheimnisvolle Spiele im Nebel". *Die Zeit 28/2020.* 1. Juli 2020, Abschn. Kultur. https://www.zeit.de/2020/28/theater-corona-krise-kirill-serebrennikow.

Lau, Mariam. „CSU: Der neue Mr. Ernsthaft". *Die Zeit 22/2020.* 20. Mai 2020, Abschn. Politik. https://www.zeit.de/2020/22/csu-markus-soeder-ministerpraesident-bayern.

Löbbert, Raoul. „Katholische Kirche: Kein Wort mehr zum Missbrauch? Doch!" *Die Zeit 10/2020.* 26. Februar 2020, Abschn. Gesellschaft. https://www.zeit.de/2020/10/katholische-kirche-sexueller-missbrauch-canisius-kolleg.

Rauterberg, Hanno. „Berlin Biennale: Hoffen auf Heilung". *Die Zeit 38/2020.* 10. September 2020, Abschn. Kultur. https://www.zeit.de/2020/38/berlin-biennale-ausstellung-zeitgenoessische-kunst-esoterik.

Rauterberg, Hanno. „Moderne Kunst: Reißt euch die Masken ab". *18/2020.* 26. April 2020, Abschn. Kultur. https://www.zeit.de/2020/18/moderne-kunst-radikalitaet-wirklichkeit.

Rohwetter, Marcus. „SpaceX: Raketen sind keine Schwimmbäder". *Die Zeit 24/2020.* 6. Juni 2020, Abschn. Wirtschaft. https://www.zeit.de/2020/24/spacex-falcon-9-rakete-iss-raumstation-menschliche-errungenschaft.

Schmitt, Stefan. „Klimaziel 2020: Europas Werk, Coronas zweifelhafter Beitrag". *Die Zeit 36/2020.* 27. August 2020, Abschn. Wissen. https://www.zeit.de/2020/36/klimaziel-2020-corona-pandemie-europa-klimaschutz.

Schmitt, Stefan, und Anna-Lena Scholz. „Spanische Grippe: ‚Die Mutter aller Pandemien'". *Die Zeit 6/2020.* 2. Februar 2020, Abschn. Wissen. https://www.zeit.de/2020/06/spanische-grippe-virus-seuche-pandemie/komplettansicht.

Soboczynski, Adam. „Uwe Tellkamp: Es muss doch ein Problem geben". *Die Zeit 8/2020.* 13. Februar 2020, Abschn. Kultur. https://www.zeit.de/2020/08/uwe-tellkamp-lava-sachsen-literatur.

Thumann, Michael. „Griechenland: Worte wie Waffen". *Die Zeit 12/2020.* 12. März 2020, Abschn. Politik. https://www.zeit.de/2020/12/griechenland-tuerkei-fluechtling-konflikt-lesbos.

Sekundärliteratur

Bußmann, Hadumod. *Lexikon der Sprachwissenschaft.* 2., völlig neu bearb. Aufl. Stuttgart: Kröner, 1990.

Dornseiff, Franz. *Der deutsche Wortschatz: Der deutsche Wortschatz nach Sachgruppen.* Berlin: De Gruyter, 2020, 2020.

Glück, Helmut, und Michael Rödel, Hrsg. *Metzler Lexikon Sprache.* 5. Aufl. Stuttgart, 2016.

Killer, Markus. „Textblob-de Documentation, Release 0.4.4a1", 2019. https://readthedocs.org/projects/textblob-de/downloads/pdf/latest/.

Lorenz, Dagmar. *Journalismus.* 2. Aufl. Sammlung Metzler. J.B. Metzler, 2009.

Mast, Claudia, Hrsg. *ABC des Journalismus: ein Handbuch.* 11., überarb. Aufl. Konstanz: UVK-Verl-Ges, 2008.

Mittelberg, Ekkehart. *Wortschatz und Syntax der Bild-Zeitung.* Marburg: Elwert, 1967.

Neuberger, Christoph, und Peter Kapern. *Grundlagen des Journalismus.* Wiesbaden: Springer VS, 2013.

Ortner, Heike. *Text und Emotion: Theorie, Methode und Anwendungsbeispiele emotionslinguistischer Textanalyse.* Tübingen: Narr, 2014.

Schneider, Wolf. *Deutsch für Profis.* Hamburg: Goldmann, 1986.

Schwarz-Friesel, Monika. *Sprache und Emotion.* 2. Aufl. Tübingen / Basel, 2013.

spaCy API Documentation. „Annotation Specifications. Schemes Used for Labels, Tags and Training Data." Zugegriffen 19. August 2020. https://spacy.io/api/annotation.

Steyer, Ralph. *Programmierung in Python: Ein kompakter Einstieg für die Praxis.* Springer Vieweg, 2018.

Ulich, Dieter. *Das Gefühl: eine Einführung in die Emotionspsychologie.* 2., durchges. und erg. Aufl. München: Psychologie-Verl-Union, 1989.

Vasiliev, Yuli. *Natural Language Processing with Python and SpaCy: A Practical Introduction.* No Starch Press, 2020.

Voss, Cornelia. *Textgestaltung und Verfahren der Emotionalisierung in der BILD-Zeitung.* Frankfurt am Main [u.a.]: Lang, 1999.

Westpfahl, Swantje. *POS-Tagging für Transkripte gesprochener Sprache: Entwicklung einer automatisierten Wortarten-Annotation am Beispiel des Forschungs- und Lehrkorpus Gesprochenes Deutsch (FOLK)*. Tübingen: Narr Francke Attempto, 2020.

Wittwen, Andreas. *Infotainment: Fernsehnachrichten zwischen Information und Unterhaltung*. Bern [u.a.]: Lang, 1995.

Anhang

Programmcode

''' a. Importe '''

import re

import spacy

''' b. Variablen '''

textfile = "Untersuchungskorpus_ZEITONLINE.txt"

nlp = spacy.load('de_core_news_sm')

''' c. Funktionen: Einlesen und Bereinigen des Korpus '''

''' c.1 Korpus einlesen '''

```
def read_text(textfile):
    with open (textfile, 'r') as infile:
        text = infile.read()
        return text
```


''' c.2 Korpus-Texte bereinigen '''

```
def prepare_text(text):
    preparedText = text.lower()          # Die Methode lower() wandelt alle Großbuchstaben
in Kleinbuchstaben um.
    preparedText = re.sub("[\W\d]", " ", preparedText)  # Die Funktion sub() ersetzt hier jedes
Zeichen, das kein Unicode-Wortzeichen ist (\W) und jede Zahl (0-9) durch ein Leerzeichen
    preparedText = re.sub("\s\s+", " ", preparedText)      # Die Funktion sub() entfernt hier
doppelte Leerzeichen, die durch den vorherigen Schritt entstanden sind.
```

```
    return preparedText
```

''' d. Funktionen: Analyse auf morphologischer Ebene '''

''' d.1 Diminutive finden '''

''' d.1.1 Substantive mit dem POS-Tagger herausfiltern und in einer Liste ausgeben '''

```
def find_nouns(preparedText):
    doc = nlp(preparedText)
    Nouns = [token.text for token in doc if token.pos_ == "NOUN"]
    return Nouns
```

''' d.1.2 Diminutive gemeinsam mit ihrer jeweiligen Anzahl in einem Dictionary ausgeben '''

```
def find_diminutive(Nouns):
    diminutiveDictionary = {}
    for Element in Nouns:
        diminutive = Element.endswith(("chen", "lein"))
        if diminutive is True:
            if not Element in diminutiveDictionary:
                diminutiveDictionary[Element] = 0        # Counter anlegen und mit 0 initialisieren
            diminutiveDictionary[Element] += 1
    return diminutiveDictionary
```

''' d.1.3 Gesamtanzahl der Diminutive berechnen '''

```
def count_diminutive(Nouns):
    countDiminutive = 0
    for Element in Nouns:
```

```python
    if Element.endswith(("chen", "lein")):
        countDiminutive += 1
    return countDiminutive


''' d.2 Superlative finden '''


''' d.2.1 Adjektive mit dem POS-Tagger herausfiltern und in einer Liste ausgeben '''
def find_adjective(preparedText):
    doc = nlp(preparedText)
    Adjektive = [token.text for token in doc if token.pos_ == "ADJ"]
    return Adjektive


''' d.2.2 Superlative gemeinsam mit ihrer jeweiligen Anzahl in einem Dictionary ausgeben '''
def find_superlative(Adjektive):
    SuperlativeDictionary = {}
    for Element in Adjektive:
        superlative = Element.endswith(("sten", "ste"))
        if superlative is True:
            if not Element in SuperlativeDictionary:
                SuperlativeDictionary[Element] = 0          # Counter anlegen und mit 0
inizialisieren
                SuperlativeDictionary[Element] += 1
    return  SuperlativeDictionary


''' d.2.3 Gesamtanzahl der Superlative berechnen '''
def count_superlative(Adjektive):
    countSuperlative = 0
```

```python
    for Element in Adjektive:
        if Element.endswith(("sten", "ste")):
            countSuperlative += 1
    return countSuperlative
```

''' e. Funktionen: Analyse auf syntaktischer Ebene '''

''' e.1 Durchschnittliche Wortanzahl pro Satz berechnen '''

''' e.1.1 Berechnung der Gesamtanzahl an Sätzen '''
```python
def count_sentences(text):
    end_of_record = '.?!'
    countSentences = 0
    for Zeichen in text:
        if Zeichen in end_of_record:
            countSentences +=1
    return countSentences
```

''' e.1.2 Berechnung der Gesamtanzahl an Wörtern '''
```python
def count_words(preparedText):
    words = preparedText.split()
    countWords = len(words)
    return countWords
```

''' e.1.3 Berechnung der durchschnittlichen Wortanzahl pro Satz '''
```python
def avg_wordsPerSentence(countSentences, countWords):
    avgWordsPerSentence = int(countWords) / countSentences
```

```python
    return avgWordsPerSentence
```

''' e.2 Prozentualen Anteil der Aufforderungs-, Ausrufe- und Fragesätze an der Gesamtanzahl der Sätze berechnen '''

''' e.2.1 Berechnung der Gesamtanzahl an Aufforderungs- und Ausrufesätzen '''
```python
def count_exclamatorySentences(text):
    end_of_record = '!'
    CountExclamatorySentences = 0
    for Zeichen in text:
        if Zeichen in end_of_record:
            CountExclamatorySentences +=1
    return CountExclamatorySentences
```

''' e.2.2 Berechnung der Gesamtanzahl an Fragesätzen '''
```python
def count_questionSentences(text):
    end_of_record = '?'
    CountQuestionSentences = 0
    for Zeichen in text:
        if Zeichen in end_of_record:
            CountQuestionSentences +=1
    return CountQuestionSentences
```

''' e.2.3 Berechnung des prozentualen Anteils der Aufforderungs- und Ausrufesätze an der Gesamtanzahl der Sätze '''
```python
def percentage_exclamatorySentences(CountExclamatorySentences, countSentences):
    percentageExclamatorySentences = (CountExclamatorySentences/countSentences)*100
    return percentageExclamatorySentences
```

```
''' e.2.4 Berechnung des prozentualen Anteils der Fragesätze an der Gesamtanzahl der Sätze '''
def percentage_questionSentences(CountQuestionSentences, countSentences):
    percentageQuestionSentences = (CountQuestionSentences/countSentences)*100
    return percentageQuestionSentences


''' e.3 Berechnung der Anzahl an Doppelpunkten '''
def count_colons(text):
    colon = ':'
    CountColons = 0
    for Zeichen in text:
        if Zeichen in colon:
            CountColons +=1
    return CountColons


''' e.4 Berechnung der Anzahl an Gedankenstrichen '''
def count_dashs(text):
    dash = '-'
    CountDashs = 0
    for Zeichen in text:
        if Zeichen in dash:
            CountDashs +=1
    return CountDashs


'''f. Main-Funktion '''
def main(textfile):
    text = read_text(textfile)
    preparedText = prepare_text(text)
```

```python
Nouns = find_nouns(preparedText)

diminutiveDictionary = find_diminutive(Nouns)

print('Diminutive mit der Anzahl ihrer Vorkommen: ' + str(diminutiveDictionary))

countDiminutive = count_diminutive(Nouns)

print('Gesamtanzahl der Diminutive: ' + str(countDiminutive))

Adjektive = find_adjective(preparedText)

SuperlativeDictionary = find_superlative(Adjektive)

print('Superlative mit der Anzahl ihrer Vorkommen: ' + str(SuperlativeDictionary))

countSuperlative = count_superlative(Adjektive)

print('Gesamtanzahl der Superlative: ' + str(countSuperlative))

countSentences = count_sentences(text)

print('Gesamtanzahl der Sätze: ' + str(countSentences))

countWords = count_words(preparedText)

print('Gesamtanzahl der Wörter: ' + str(countWords))

avgWordsPerSentence = avg_wordsPerSentence(countSentences, countWords)

print('Durchschnittlichen Wortanzahl pro Satz: ' + str(avgWordsPerSentence))

CountExclamatorySentences = count_exclamatorySentences(text)

print('Gesamtanzahl der Aufforderungs- und Ausrufesätze: ' +
str(CountExclamatorySentences))

CountQuestionSentences = count_questionSentences(text)

print('Gesamtanzahl der Fragesätze: ' + str(CountQuestionSentences))

percentageExclamatorySentences =
percentage_exclamatorySentences(CountExclamatorySentences, countSentences)

print('Prozentualer Anteil der Aufforderungs- & Ausrufesätze: ' +
str(percentageExclamatorySentences))

percentageQuestionSentences = percentage_questionSentences(CountQuestionSentences,
countSentences)

print('Prozentualer Anteil der Fragesätze: ' + str(percentageQuestionSentences))
```

```
CountColons = count_colons(text)

print('Gesamtanzahl der Doppelpunkte: ' + str(CountColons))

CountDashs = count_dashs(text)

print('Gesamtanzahl der Gedankenstriche: ' + str(CountDashs))


main(textfile)
```

Untersuchungskorpus

Manfred Stolpe: Ein Mann mit zwei Leben

Zum Tod des ehemaligen brandenburgischen Ministerpräsidenten Manfred Stolpe

Von Christoph Dieckmann

2. Januar 2020 DIE ZEIT Nr. 2/2020, 3. Januar 2020

Der DDR-Kirchenjurist, der protestantische Diplomat und SED-Beschwichtiger Manfred Stolpe war ein rätselvoller Mensch. Der Autor verdankt ihm ein Lebensglück. 1982 wurde ich als junger Vikar vom Wehrkreiskommando Berlin-Mitte zur "Einberufungsüberprüfung" befohlen. Meine Verweigerung des Waffendienstes quittierte der Obrist mit Gebrüll: Bürger, Sie marschieren! Der nächste richtige Krieg wird Ihnen den Jesusquatsch austreiben! Ich eilte zum evangelischen Konsistorialpräsidenten Manfred Stolpe, dem wundertätige Kontakte zur Staatsmacht nachgemunkelt wurden. Der Kirchenstar empfing, hörte, brummte beruhigend und schickte mich heim. Vier Tage vor dem Gestellungstermin meldete das Wehrkreiskommando: Einberufung erfolgt nicht.

Wie vermochte Stolpe Derartiges? So fragten wohl wenige, denen er half. Helmut Schmidt erklärte nach der Friedlichen Revolution, als Kanzler habe er indirekte Signale an die SED-Macht absichtsvoll via Stolpe lanciert. Es meldeten sich auch kritische Stimmen. Oppositionelle Christengruppen sahen sich amtskirchlich reglementiert, rigorose DDR-Verneiner entschärfte die "Kirche im Sozialismus", deren fähigster Lavierer und Konfrontationsvermeider Manfred Stolpe war.

Diente er gar der Gegenseite? Das erforschte 1992 ein parlamentarischer Untersuchungssausschuss des Brandenburger Landtags. Seit Ende 1990 regierte Manfred Stolpe mit einer Koalition aus seiner SPD, FDP und Bündnis 90/Die Grünen. Nach turbulenten Enthüllungswochen und einigen grotesken Auftritten ehemaliger Stasi-Offiziere blieb der Ministerpräsident im Amt. Auch seine Kirche sprach ihn frei, Ostvolks Stimme sowieso. 2005 urteilte das Bundesverfassungsgericht abschließend, Stolpe, als "IM Sekretär" aktenkundig, sei kein Mann des Ministeriums für Staatssicherheit gewesen.

Im Gefühlschaos des ostdeutschen Umbruchs wirkten regionale Identitäten wie Rettungsanker. Den "neuen Bundesländern" standen zumeist altbundesdeutsche Christdemokraten vor – nicht in Brandenburg. Nur dort wurde die SPD gleichsam zur Staatspartei, geführt von einem

Kirchenmann, den das märkische Heidenvolk verblüffenderweise sogleich als Landesvater verehrte. Die Landtagswahl 1994 gewann Stolpe mit absoluter Mehrheit. Gern sprach der Potsdamer Regent von "unseren Menschen" und erklärte, Brandenburg trage die Bezeichnung "kleine DDR" mit Stolz. 2002 übergab er sein Amt einem ähnlichen Menschenfänger, seinem Ziehsohn Matthias Platzeck. Der SPD-Konvertit, ehedem Bündnisgrüner, hatte als "Deichgraf" bei der Oderflut von 1997 Heldenstatus errungen.

Der Wirtschaftspolitiker Manfred Stolpe war kein König Midas. Große Industrieansiedlungen misslangen. Die Lausitzer Braunkohle wurde ökologisch ruinös ausgebeutet wie in der DDR. Auch das widerständige Dorf Horno, dessen Rettung Stolpe versprochen hatte, fuhr in die Grube: ein Lehrstück politischer Ohnmacht gegenüber Wirtschaftsdiktaten. 2002 wechselte Manfred Stolpe in die Bundespolitik, als Minister für Verkehr, Bau- und Wohnungsfragen im zweiten Kabinett Schröder. Die Lkw-Maut, sein Kummerkind, scheiterte an technischen Problemen. Nach der Bundestagswahl 2005 ging er in den Ruhestand.

Seit 2004 litt Manfred Stolpe an Krebs. Seinen Lebensabend verbrachte er in einer Potsdamer Seniorenresidenz. Dort besuchte ich ihn zum Gespräch über die Garnisonkirche, deren Neubau der geschichtsfühlige Preußenkenner Stolpe unterstützte. Es ging ihm um die Wiedergewinnung des 1945 zerbombten, 1968 restlos gesprengten Gotteshauses. Durchaus besorgten ihn neoprussische Gelüste, den Kriegstempel der Hohenzollern zu erneuern. Er sprach so geradeaus wie als Politiker selten. Er halte nichts von Versuchen, den militaristischen Ungeist der Garnisonkirch-Geschichte mit Heldenlegenden vom 20. Juli 1944 zu exorzieren. Sehr lange, fand er, hätten die Putschisten bei Hitler mitgemacht. Er zitierte seinen Freund Helmut Schmidt: alles hochnäsige Adlige und Antisemiten.

Manfred Stolpe, kleiner Leute Kind, wurde 1936 in Stettin geboren. Er war ein großer Mann zweier Epochen in ihrem, seinem Widerspruch. Am 29. Dezember ist er in Potsdam gestorben. Unsere doppeldeutsche Geschichte lässt sich schwerlich ohne ihn erzählen.

Ölpreise: Plastik statt Benzin

Politische Krisen beeinflussen den Preis für Erdöl kaum noch, weil mehr gefördert als verbraucht wird. Das bringt Konzerne wie ExxonMobil auf neue Geschäftsideen.

Von Heike Buchter

15. Januar 2020, 16:47 Uhr Editiert am 21. Januar 2020, 10:28 Uhr DIE ZEIT Nr. 4/2020, 16. Januar 2020 41 Kommentare

Noch im vergangenen Sommer warnte ein enger Berater des iranischen geistlichen Oberhaupts Ajatollah Ali Chamenei die westlichen Industrieländer: Der erste Schuss, der in der Region um den Persischen Golf falle, werde den Ölpreis auf mehr als 100 Dollar pro Barrel hochschnellen lassen. Damals dümpelte der Preis für ein Fass mit 159 Liter Öl bei knapp über 60 Dollar. Doch der Berater sollte sich täuschen.

Nachdem eine US-Militärdrohne vor knapp zwei Wochen den iranischen General Kassem Soleimani tötete und die iranische Führung daraufhin eine Militärbasis der Amerikaner im Irak angriff, zog der Preis für die wichtigste Rohölsorte Brent zwar auf 70 Dollar an. Doch schon einen Tag später fiel er wieder auf 65 Dollar. Anfang dieser Woche lag er mit 64 Dollar in etwa auf demselben Niveau wie vor dem Konflikt.

Zur Beruhigung des Marktes trug sicher bei, dass Präsident Trump und Chamenei erst einmal von einem weiteren Schlagabtausch absahen. Aber es gibt eine weitere Erklärung für die schnelle Entspannung: Die globale Wirtschaft ist nicht mehr so abhängig vom Öl aus den Golfstaaten wie noch vor einigen Jahren. In anderen Regionen der Erde, besonders in den USA, wird der Rohstoff in so großen Mengen produziert, dass inzwischen von einer Ölflut die Rede ist.

Die Analysten des Brancheninformationsdienstes Rystad Energy schätzen, dass sich die Nachfrage für Öl aus den Opec-Staaten in den kommenden Monaten auf 28,3 Millionen Barrel pro Tag belaufen wird. Zuletzt lag die Produktion bei 29,6 Millionen Barrel täglich, also mehr als eine Million Barrel darüber. Selbst wenn die Förderquote in den kommenden Wochen auf 29,2 Millionen Barrel sinken sollte, wie es die Opec-Länder vereinbart haben, überträfe das Angebot weiterhin die Nachfrage. Die Rystad-Analysten halten deshalb trotz geopolitischer Spannungen einen weiteren Preisverfall auf unter 60 Dollar für möglich.

Noch vor zehn Jahren sah das anders aus. Damals hieß es, die globale Ölproduktion habe ihren Höhepunkt bald erreicht. Das Wirtschaftsmagazin Bloomberg Markets rief 2008 gar "das Ende des Ölzeitalters" aus. Denn um neue Vorkommen zu erschließen, mussten die Ölkonzerne immer mehr Aufwand betreiben und in immer unwirtlichere Gegenden wie die Arktis vordringen. Damit stiegen zugleich die Risiken, und 2010 kam es tatsächlich zur Katastrophe: Die Tiefseebohrplattform Deepwater Horizon des BP-Konzerns explodierte im Golf von Mexiko.

Amerika verdankt seinen zweiten Ölboom vor allem der Fracking-Technologie

Elf Arbeiter starben damals, die Folgen der dadurch entstandenen Ölpest sind in der Küstenregion bis heute spürbar. Brancheninsider gingen davon aus, dass die USA – das Land, in dem einst der erste kommerzielle Ölboom stattgefunden hatte – in absehbarer Zeit gar kein eigenes Öl mehr fördern würden.

Doch seitdem hat die Produktion eine Renaissance erlebt, dank der sich US-Präsident Donald Trump die Provokation des iranischen Regimes erlauben konnte, ohne eine Rezession in seinem eigenen Land befürchten zu müssen.

Seinen zweiten Ölboom verdanken die USA dabei vor allem risikofreudigen Ölsuchern in Texas, den Frackern. Sie fördern mit einer aus ökologischen Gründen umstrittenen Methode Öl aus Schieferschichten. Unter Hochdruck werden dabei Sand, Wasser und Chemikalien in ein Bohrloch gepresst, um das im Gestein gefangene Öl freizusetzen. Weil dieses Verfahren aufwendig ist, trieb ein Ölpreiseinbruch vor einigen Jahren noch Hunderte Fracker in die Pleite. Doch der Rückschlag war nicht von Dauer. Die Firmen, die das Tief überlebten, betreiben Fracking seitdem so effizient wie nie zuvor. Die technologischen Fortschritte haben die USA zum größten Ölproduzenten der Welt gemacht – noch vor Saudi-Arabien und Russland.

ExxonMobil prognostiziert der eigenen Branche eine düstere Zukunft

"Fracking wirkt gewissermaßen wie eine Versicherung gegen ein Abheben des Ölpreises", sagt Michael Rubin, Nahostexperte beim konservativen Thinktank American Enterprise Institute. Immer wenn die Preise steigen, lohnt es sich für die Fracker, mehr zu pumpen. Die Technologie birgt aus Rubins Sicht noch mehr geopolitisches Konfliktpotenzial: Die Produzenten in der Golfregion fürchteten kaum etwas so sehr, als dass die Chinesen – inzwischen ihre größten Abnehmer – ebenfalls im großen Stil ins Fracking einstiegen.

Daneben braucht die Wirtschaft weit geringere Mengen des Rohstoffes als noch zur Zeit der Ölkrise Anfang der Siebziger. Dies gilt besonders für den Transportbereich. Verbrennungsmotoren sind effizienter geworden und verbrauchen weniger Benzin.

Gleichzeitig wächst die Zahl der Elektrofahrzeuge. Noch stellen sie zwar eine Minderheit der globalen Flotte dar, aber immer mehr Länder drängen darauf, Benziner und Dieselfahrzeuge durch batteriebetriebene Autos zu ersetzen. Der Strom für ihren Betrieb wird nicht mit Öl erzeugt, sondern überwiegend mit Kohle, Erdgas und zunehmend auch aus erneuerbaren Energiequellen.

Diese Entwicklung ist auch den Ölproduzenten nicht entgangen. Im seinem Geschäftsausblick für das Jahr 2019 prognostizierte der US-Mineralölkonzern ExxonMobil der eigenen Branche eine düstere Zukunft: Sollte es gelingen, bis 2040 den Individualverkehr komplett auf E-Fahrzeuge umzustellen, würde das die Nachfrage nach flüssigen Brennstoffen auf null senken. Was für Umweltschützer ein bahnbrechender Erfolg wäre, käme für das Unternehmen einer Katastrophe gleich.

Kunststoffproduktion soll Erdölkonzerne retten

Und so suchen ExxonMobil und andere Erdölkonzerne nach neuen Märkten für ihre Produkte. Für besonders aussichtsreich hält die Branche Plastik. Denn aus Öl lassen sich verschiedene petrochemische Produkte wie Ethylen, Propylen und Benzol gewinnen, aus denen schließlich verschiedene Arten von Kunststoff hergestellt werden. Ganz neu ist die Idee nicht: Mobil, das später in ExxonMobil aufging, stellte 1976 die erste Plastiktüte vor.

Man könnte unser Jahrhundert als Plastikzeitalter bezeichnen. Seit dem Jahr 2000 hat sich die Nachfrage nach Plastik einem Bericht der Internationalen Energieagentur (IEA) zufolge fast verdoppelt. Und ein Ende der Entwicklung ist nicht in Sicht: Inder oder Indonesier beispielsweise verbrauchen pro Kopf heute erst ein Zwanzigstel der Menge an Plastik, die Europäer oder US-Amerikaner verbrauchen. Setzen sich die derzeitigen Trends fort, könnten Plastik und verwandte Materialien bis 2050 für die Hälfte des Wachstums der Ölproduzenten verantwortlich sein, schätzt die IEA. Dafür spreche die Vielseitigkeit des Materials, sagt die Energieanalystin Araceli Fernandez Pales, die den IEA-Bericht mit verfasst hat. Sie verteidigt den schlechten Ruf des Materials: Abgesehen von die Weltmeere vermüllenden Einkaufstüten habe Plastik durchaus einen Platz in einer nachhaltigeren Welt. "Plastik wird in Windturbinen und Isoliermaterial eingesetzt, es lassen sich daraus leichtere und damit verbrauchsärmere Flugzeuge und Fahrzeuge bauen", sagt sie.

Steven Feit vom Center for International Environmental Law in Washington, das mit juristischen Mitteln für den Klimaschutz kämpft, fürchtet dagegen, dass eine zunehmende

Plastikflut die Wegwerfmentalität fördert. "Es ist nicht der Konsument, der sich diese Produkte wünscht, sondern es sind die Konzerne, die neue Absatzmöglichkeiten brauchen", sagt er.

Ähnlich wie Benzin und Diesel ist Plastik daher nicht bloß ins Visier von Umweltschützern geraten. Die Europäische Union prüft ein Verbot von Einwegverpackungen. Die Stadtverwaltung der indonesischen Hauptstadt Jakarta, die mit einem großen Müllproblem kämpft, will bis Juni einen Plastiktüten-Bann durchsetzen. Der Konsumgüterkonzern P&G, der unter anderem für Pampers-Windeln bekannt ist, will Verpackungen bis 2030 wiederverwertbar oder wiederverwendbar machen.

Wenn aber immer mehr Politiker, Behörden und Unternehmen dem Plastik den Kampf ansagen, könnten die Zukunftspläne der Ölkonzerne schon bald wieder der Vergangenheit angehören.

Spanische Grippe: "Die Mutter aller Pandemien"

Prototyp einer modernen Seuche: Jeder neue Erreger erinnert an die Spanische Grippe von 1918/19.

Von Stefan Schmitt und Anna-Lena Scholz

29. Januar 2020, 16:53 Uhr Editiert am 2. Februar 2020, 20:07 Uhr DIE ZEIT Nr. 6/2020, 30. Januar 2020 6 Kommentare

Ist er es? So lautet sinngemäß die Frage, die Mikrobiologen sich bei jedem neuen Erreger stellen, der plötzlich unter Menschen auftritt. Ist er der nächste, der eine globale Katastrophe verursachen kann, so wie damals die Spanische Grippe? Was übrigens ein schlechter Name ist, besser sollte sie "Globale Grippe" heißen (dazu später mehr).

Damals, das war 1918 und 1919, am Ende des Unglücks, in das die Monarchien des alten Europas ihre Völker gestürzt hatten. Des Unglücks, das weite Teile des Globus umspannte und den Boden bereitete für einen Vernichtungszug der Viren, dem mehr Menschen zum Opfer fallen sollten als allen Schlachten und Scharmützeln seit 1914. Heute glauben Forscher, dass zwischen 50 und 100 Millionen an der Spanischen Grippe starben. Eine unglaubliche Zahl, erst recht, weil damals noch nicht einmal zwei Milliarden Menschen auf der Welt lebten.

Diese Grippe gilt als die Seuche schlechthin – mehr noch als die Seuchen, die den Niedergang des römischen Kaiserreichs begleiteten oder die Beulenpest, der Schwarze Tod des Mittelalters. Selbst heute, ein Jahrhundert nach der "Globalen Grippe", nach Jahrzehnten des rasenden medizinischen Fortschritts, bleiben Rätsel: Von welcher Tierart war sie auf den Menschen übergesprungen? Geschah dies im ländlichen Kansas in den USA? Oder hatten chinesische Wanderarbeiter sie dorthin mitgebracht? Epidemiologen haben aus Krankenberichten, Sterbezahlen, Zeitungsartikeln, Militär- und Behördenstatistiken die Ausbreitung der Grippe rekonstruiert. In diesem "Seuchenzug" erkennen sie den Prototypen einer modernen Pandemie (von pan, dem griechischen Wort für "umfassend").

Hohe Ansteckung – Im Frühjahr 1918 verzeichneten Ärzte in einer Kaserne in Riley im US-Bundesstaat Kansas etwas, das Medizinhistoriker später als den ersten Ausbruch identifizieren sollten. Nachdem sich am 4. März der Koch krankgemeldet hatte, lagen eine Woche später 100 Rekruten auf der Krankenstation, über 500 waren betroffen. Ihre Krankheitsverläufe waren mild. Da aber in Riley junge Soldaten für den Einsatz in Europa ausgebildet wurden, reiste der Auslöser der Erkrankung mit ihnen in vollen Truppentransportern über den Atlantik und an die Front.

Hohe Aggressivität – Dort, wo Soldaten dicht gedrängt und unter erbärmlichen Hygienebedingungen in Schützengräben und Verhauen lebten, muss eine Mutation den Erreger gefährlicher gemacht haben. In einer zweiten Welle trugen sie ihn zu Zivilisten und in ihre Heimatländer. Die bis dato beispiellose Vernetzung der Welt förderte eine nie da gewesene Verbreitung. "Die Pandemie umfasste den Globus, aber Afrika und Asien litten überproportional", schrieb die Medizinhistorikerin Tilli Tansey in der Wissenschaftszeitschrift Nature, "es starben mehr Kenianer als Schotten, mehr Indonesier als Niederländer".

Wenig Gegenwehr – Begünstigt wurde die Ausbreitung durch die Vertuschung seitens der Kriegsparteien. Berichterstattung über den Ausbruch in Flandern im Frühling 1918 wurde unterdrückt. Ausführlich beschrieben hat man die neue Krankheit erst im Juni, und zwar im neutralen Spanien, wo die Presse nicht zensiert wurde. Dass dort König Alfons XIII. erkrankte, machte das Thema noch bekannter, sodass die Grippe in vielen Ländern bald die Spanische hieß. Und auch wo die Menschen sie anders benannten, wies der Name stets in die gefährliche Fremde: Im Senegal sprach man von der Brasilianischen Grippe, in Brasilien hingegen von der Deutschen, in Polen von der Bolschewistischen, in Persien von der Britischen Grippe.

Unklare Ursache – Chancenlos waren die Zeitgenossen bei der Ursachensuche. Zwar waren Naturwissenschaftler den Viren seit Ende des 19. Jahrhunderts auf der Spur, weit verbreitet hatte sich dieses Wissen aber noch nicht (von praxistauglichen Tests ganz zu schweigen). Erst als Forscher um den Virologen Jeffery Taubenberger fast 80 Jahre später menschliche Überreste aus dem letzten Kriegsjahr fanden, konnten sie Schnipsel der Viren-RNA sequenzieren. 2005 beschrieben sie den todbringenden Erreger im Journal Science: als Influenza-A-Virus des Typs H1N1. Nach einem weiteren Jahr genetischer Untersuchungen schrieb Taubenberger, alle globalen Grippen mit Influenza-A-Viren seien auf Nachfahren dieses Erregers zurückzuführen – "was das Virus von 1918 zur ›Mutter aller Pandemien‹ macht".

Die Westfront war eine ideale Brutstätte

Heute ist die Spanische Grippe nicht nur ein Begriff für Experten und das Virus Teil des kollektiven Unterbewussten. H1N1, HIV, Sars, nCoV – diese sperrigen Abkürzungen bezeichnen eben nie ausschließlich medizinische Diagnosen. Das Virus ist längst eine Metapher für die Ängste, die eine Gesellschaft hegt: vor Ansteckung, vor dem Eindringling, vor dem Unsichtbaren. Verhandelt wird hier neben der Gefahr für den eigenen auch die für den kollektiven Körper. Und wo die Angst vor dem Fremden waltet, ist die Politisierung nicht fern – das zeigte in aller Drastik der nationalsozialistische Rassenwahn, der durchsetzt war vom Vokabular der "Säuberung" und "Hygiene" des deutschen "Volkskörpers".

Wer über Viren spricht, das hat die Kulturwissenschaftlerin Brigitte Weingart am Beispiel der Aids-Hysterie der Achtzigerjahre gezeigt, unternimmt "Grenzverhandlungen": Er betont die Gegensätze von gesund und krank, innen und außen, dem Eigenen und dem Fremden.

In der Vorstellungskraft der Menschen folgt auf den Kollaps des Immunsystems dann der Kollaps der politischen Kontrolle. Die Therapie: Abschottung durch Mundschutz, Flugverbot, Grenzschließung. Was medizinisch sinnvoll sein mag, lässt düstere Fantasien gedeihen.

Für all das hat die Spanische Grippe die Vorlage geliefert.Auch in den Jahren 1957, 1968 und 2009 gingen Grippepandemien um den Globus. Aber keine von ihnen erreichte auch nur ansatzweise die Ausmaße der Spanischen Grippe. Und im jungen 21. Jahrhundert haben zwar zwei verschiedene Varianten der Vogelgrippe mehr als 2000 Menschen befallen und einige Hundert das Leben gekostet, aber nicht den globalen Seuchenzug angestoßen, den Experten immer dann befürchten, "wenn ein neues tierisches Grippevirus die Fähigkeit erwirbt, Menschen zu befallen und dann andere Menschen". So hat es 100 Jahre nach der Spanischen Grippe der Infektionsexperte Michael Osterholm in der New York Times formuliert und gewarnt: "Die Frage ist nicht, ob, sondern nur, wann er kommen wird."

Immerhin lässt dabei der Blick auf die Besonderheiten von 1918/1919 hoffen. Sosehr sie als Blaupause gilt, die Pandemie ereignete sich unter ungewöhnlichen Vorzeichen.

Die Westfront war eine ideale Brutstätte. Aggressive Varianten des Virus konnten sich in den Schützengräben ausbreiten, obwohl sie Infizierte viel häufiger und rascher töteten als jene der ersten Welle in Kansas. Und nicht nur die Soldaten, auch die Zivilbevölkerung war im vierten Kriegsjahr von Entbehrungen gezeichnet. Für die Staaten hatte Gesundheitsfürsorge oft keine Priorität. Zudem existierten 1918 noch keine Antibiotika gegen bakterielle

Lungenentzündungen. Diese brachten als "Sekundärinfektionen" den meisten Opfern der Grippe am Ende den Tod.

Man könnte sagen: Die Menschheit war besonders verwundbar, als die Natur das Virus von 1918 hervorbrachte. Die Welt war im Großen schon modern, während eine Vorstellung vom allgegenwärtigen Mikrokosmos noch fehlte.

Andererseits hat der Globus heute ungleich dichtere, schnellere Verkehrsnetze. Auf ihm leben mehr als viermal so viele Menschen. Also ist das Zeitfenster für eine Eindämmung ungleich kleiner. Das ist der Grund, warum Experten jedes neue Virus eilends erforschen, auch wenn sein Ausmaß relativ zu anderen ansteckenden Krankheiten winzig erscheint. Und meistens erinnert man sich ein paar Jahre später an die scheinbar übertriebene Aufregung: Vogelgrippe, Schweinegrippe – waren die nicht halb so wild? Zum Glück müssen schon viele Faktoren zusammenkommen, damit ein potenziell verheerender Erreger entsteht, bei dem die Experten erkennen: Er ist es.

Uwe Tellkamp: Probleme jetzt auch in Sachsen

Alle fragen: Wann hat denn nun Uwe Tellkamp fertig?

Von Adam Soboczynski

12. Februar 2020, 16:51 Uhr Editiert am 13. Februar 2020, 6:22 Uhr DIE ZEIT Nr. 8/2020, 13. Februar 2020 12 Kommentare

Der um Migration, die deutsche Nation und ihren "Meinungskorridor" besorgte Schriftsteller Uwe Tellkamp (Der Turm) erlangt derzeit eine mediale Aufmerksamkeit, die je nach Gesinnungs- und Stimmungslage nur noch wundern oder schaudern lässt. Die Welt hatte jüngst eine Recherche veröffentlicht, die den Literaturbetrieb in hektische Nervosität versetzte. Was war aufgedeckt worden? Der Suhrkamp Verlag erwäge, den neuen, seit Langem herbeigesehnten und herbeigefürchteten Roman von Tellkamp nicht im Herbst 2020, sondern erst im Frühjahr 2021 zu veröffentlichen, da er noch redigiert werden müsse und noch nicht ganz fertig sei. Dabei habe der Autor bei einem Vortrag in Würzburg erklärt, sein Roman sei fertig. Weshalb, fragte man sich, legt der Suhrkamp Verlag da nicht sofort Nachtschichten ein, um ihn der Weltöffentlichkeit, die nach der allerneuesten Prosa aus Dresden giert, zu präsentieren? Aus Angst vor rechtem Gedankengut? Ist es im Meinungskorridor zu eng geworden? Liegt da gerade zu viel rum? Passt der Roman da deshalb nicht mehr durch?

Leider konnte noch nicht ermittelt werden, ob das dem Vernehmen nach über 1000-seitige Werk namens Lava des ansonsten fast nur noch in Rechtsaußen-Medien publizierenden Autors den von allen erhofften Monsterskandal produzieren wird. Immerhin: Es gibt einige wenige Textstellen, die der Autor hier und da einem geneigten Publikum bereits vorgelesen hat. Sie handeln von dramatischen Migrationsproblemen in dem fiktiven Stadtstaat Treba. Weshalb vielleicht, womöglich, unter Umständen der Suhrkamp Verlag also ein Problem mit dem Buch haben könnte. Es folgte eine Umfrage unter Schriftstellern: Was sie von der Verzögerung der Veröffentlichung der Lava halten? Die Befragung hatte das kleine Manko, dass die Befragten den Roman nicht kannten, über dessen Verschleppung sie räsonierten. Eine Verschleppung, die überdies den Nachteil hatte, weder vom Verlag noch vom Autor bestätigt worden zu sein, sodass mithin nur von den potenziellen Gründen einer potenziellen Verschleppung die Rede sein konnte.

Zum Glück machte sich wenige Tage nach diesen den Literaturbetrieb erschütternden Nachrichten ein Redakteur des Tagesspiegels auf den Weg in den Kultursaal der Vamed Klinik im sächsischen Schloss Pulsnitz. Dort, erfahren wir, habe Tellkamp aus Lava gelesen, sich darüber empört, dass der unerwartet berühmt gewordene FDP-Politiker Thomas Kemmerich im Thüringer Landtag schlecht behandelt werde, und eine Mitteilung zur Verzögerung der Veröffentlichung seines Buchs gemacht: "Nein, es ist noch nicht fertig. Es liegt im Verlag, wir lektorieren dran, wir arbeiten dran, aber es ist auch noch nicht fertig geschrieben." Das erklärt eigentlich alles. Wir bleiben trotzdem weiter dran. Wenn es ein Problem nicht gibt, sorgen wir schon für eins.

Katholische Kirche: Kein Wort mehr zum Missbrauch? Doch!

Noch so ein Text über sexuell übergriffige Geistliche? Nach zehn Jahren muss endlich mal gut sein, hört unser Autor immer öfter. Das findet er so übergriffig wie unzivilisiert.

Von Raoul Löbbert

26. Februar 2020 DIE ZEIT Nr. 10/2020, 27. Februar 2020 2 Kommentare

Wer als Journalist über das Thema Missbrauch inner- und außerhalb des Katholizismus schreibt, kennt die Nicht-schon-wieder-Gesichter der Kollegen, die pikierten Mienen der Freunde, das regelmäßige "Aber" der Leser als Reaktion auf dieses Thema. Missbrauch, begann erst neulich wieder zögerlich ein Leser am Telefon, um sich dann in Rage zu reden, sei zweifellos grauenhaft, aber doch als Phänomen lange bekannt und auserzählt. Was gebe es, zehn Jahre nachdem der deutsche Missbrauchsskandal am Berliner Canisius-Kolleg bekannt wurde, noch Neues zu berichten? Warum immer wieder nach Schuld und Verantwortung fragen? Weshalb Wunden offen halten, statt sich zu versöhnen? Irgendwann müsse doch mal Schluss sein!

Damals am Telefon überrumpelte mich der Leser mit seiner Tirade so sehr, dass ich erst mal sprachlos war. Der Mann sagte, was sicher viele denken, aber sich öffentlich nicht zu äußern trauen. Das verdient eine Antwort, zumal mit Blick auf die Frühjahrsvollversammlung der Bischöfe kommende Woche in Mainz, bei der die Frage möglicher Entschädigungen für Missbrauchsopfer auf der Tagesordnung steht. Suggerierten die Bischöfe im Herbst noch öffentlich, Summen von 400.000 Euro pro Fall seien möglich, will man davon mittlerweile nichts mehr wissen.

Wie schnell sich Wunden schließen, würde ich dem Leser heute also sagen, hängt davon ab, wie sorgsam man sie behandelt. Wer generell genervt ist vom Missbrauchsthema, sollte sich einmal fragen, wie das wohl bei den Opfern ankommt, die lebenslang am Geschehenen leiden. Überdruss, Unwohlsein und das latente Gefühl, sich vom Thema Missbrauch medial belästigt zu fühlen, sind im Vergleich dazu Luxusprobleme.

Natürlich: Ein gewisses Grundunwohlsein angesichts des Themas ist so normal wie angebracht. Jeder halbwegs empathische Mensch spürt, wie tief in ihm etwas erschüttert wird, wenn er im Fernsehen oder im privaten Umfeld mit Schilderungen von Missbrauch konfrontiert wird. Derart grausam erscheinen die Beweggründe der Täter, so eindeutig und groß die Unschuld und das Leid der Opfer, dass es nur natürlich ist, sich schützen zu wollen vor dem Bösen in und unter uns.

Aber so wünschenswert Versöhnung auch ist: Sie von anderen und dann noch von Menschen zu verlangen, die sexuell missbraucht wurden, in der Hoffnung, bald nichts mehr davon hören zu müssen, ist ebenso übergriffig wie unzivilisiert. Es deformiert das Unwohlsein zur Gefühllosigkeit und macht blind für die Bedürfnisse der Opfer.

Jeder achte Erwachsene hat Schätzungen zufolge in seiner Kindheit sexuelle Gewalt erlebt. Die anderen sieben, heißt das im Umkehrschluss, werden nie ganz verstehen, was es heißt, betroffen zu sein. Ich auch nicht. Deshalb maße ich mir nicht an, zu wissen, was Opfer fühlen, wollen, brauchen oder wann und unter welchen Bedingungen sie dem Täter, der Kirche oder Gott vergeben müssen. Dafür habe ich in den vergangenen Jahren zu viele Kirchenvertreter und

Journalisten erlebt, die vorgaben, die Interessen der Opfer im Blick zu haben, und in Wahrheit eigene verfolgten.

Die Opfer, lautet ein bei Kirchenvertretern beliebter Satz, wollen, dass ihr Leid gesehen und anerkannt wird. Dass in der Regel kein Opfer neben dem Kirchenvertreter steht, während dieser mit Betroffenheitsmiene ins Mikrofon säuselt, hat einen Grund: Das Opfer könnte den Bischof oder Kardinal darauf hinweisen, dass es nicht reicht, Leid nur zu sehen und anzuerkennen. Am Ende spricht es noch vor aller Welt das böse Wort "Entschädigung" aus. Das fürchtet in der katholischen Kirche momentan jeder Verantwortungsträger.

Bislang zahlt die Kirche einem Missbrauchsopfer lediglich eine "Anerkennungsleistung" von durchschnittlich 6000 Euro, und das nicht einmal jedem und überall. Und wer das an dieser Stelle nicht für einen Skandal, sondern für egal oder angemessen hält, sollte sich mal mit Missbrauchsopfern treffen und ihr Leid in Augenschein nehmen. Die wenigsten, stellt man dann fest, ähneln dem Bild, das die Medien gern von ihnen zeichnen: einer Parade Verwundeter, in der jeder sein Innerstes nach außen kehrt, Böses bewältigt hat und sich dennoch nicht den Glauben an Gott, die Menschheit oder das Leben nehmen lassen will.

Natürlich gibt es solche reflektierten Opfer, mit denen man gerne mitfühlt. Die Regel sind sie aber nicht. Viele schließen nicht ab, haben für ihre Gefühle keine Sprache, verlieren tatsächlich den Glauben an Gott und das Leben und nehmen für immer Schaden an Körper und Psyche. Und nicht zu vergessen: Einige werden selbst zu Tätern. Bodenlos ist der Abgrund, der sich unter manchen Opfern auftut. Er passt in kein Pauschal-Narrativ.

Wenn schon, können Gefühle den Abgrund halbwegs erfassen. Zorn, Wut, Trauer etwa. Doch Gefühle nutzen sich ab mit der Zeit. Ist das Leid der anderen für einen selbst groß und neu, schaut man hin und fühlt. Dann fällt es leicht, betroffen zu sein und erschrocken. So wie vor zehn Jahren, als der Missbrauchsskandal nicht nur die katholische Kirche erschütterte, sondern die ganze Welt. Da waren alle entsetzt und wollten ihr Entsetzen gespiegelt sehen in der Berichterstattung.

Reporter schwärmten aus, redeten mit Opfern und rekonstruierten hyperrealistisch, wo die Männerhand beim Kind überall gewesen war. Denn das wollen viele Menschen in solchen Fällen wissen. Sie starren auf das Leid, um es möglichst unmittelbar zu erleben. Dahinter steckt Kalkül: Indem er dem Geschehen auf die Pelle rückt, hält der Gaffer den Schrecken fern von sich.

Das konkrete, farbig ausgemalte und möglichst explizite Leid lässt scheinbar keine Fragen offen. Je näher man dran ist, desto schwerer lässt es sich verallgemeinern. Echtes Mitgefühl: ausgeschlossen! Beim Autounfall auf der Gegenspur beispielsweise erschrickt der Gaffer auch nur an der Oberfläche. So begräbt er den Gedanken im Unterbewusstsein, dass es ihm genauso hätte gehen können wie dem Fahrer nebenan. Er sieht sich selbst nicht mehr im anderen. Er sieht nur noch sich selbst.

Seien Sie bitte nicht so!, würde ich meinem Leser von neulich heute sagen. Niemals. Um Ihretwillen. Davon abgesehen ist das Wollen irrelevant beim Thema Missbrauch. Natürlich will man nichts davon hören. Man muss! Also schauen Sie hin! Am besten nicht nur einmal, sondern kontinuierlich.

So banal es klingt: Interesse ist wichtig. Es ist ein Akt der Höflichkeit und eine gesellschaftliche Pflicht. Es ist wichtiger als falsches Mitleid. Mitgefühl will und kann eh keiner verordnen. Das kommt von selbst, wenn man sich interessiert und Anteil nimmt.

Wenn Sie denken, nach zehn Jahren gebe es heute nichts mehr zu berichten, irren Sie sich. Viele Fragen sind noch offen. Wer war wofür genau verantwortlich in der Kirche? Was wussten Priester, was die Bischöfe, was die Laien und Kirchensteuerzahler und was die obersten Glaubenshüter in Rom? Und mindestens so wichtig: Was hätten die wissen können und müssen? Noch immer bekommen Missbrauchsopfer von der Kirche vor allem Almosen. Wie kann das sein, wenn Bischöfe, Kardinäle und sogar der Papst immer wieder behaupten, die Schuld an- und ernst zu nehmen? Ganz zu schweigen von den systemischen Fragen nach Lehre, Amtsverständnis und dem Anspruch einer zweitausendjährigen Moralanstalt auf ethische Überlegenheit.

Versöhnung kann man nicht erzwingen. Sie lebt von der genauen Kenntnis und von der Akzeptanz dessen, was war. Und was genau war, ist noch immer in wichtigen Punkten unbekannt. Fragen helfen, Ihre und meine. Solange es noch Fragen gibt.

Griechenland: Worte wie Waffen

Griechenland sieht sich bedroht – und handelt auch so.

Von Michael Thumann, Athen

12. März 2020 DIE ZEIT Nr. 12/2020, 12. März 2020

Worte verändern die Welt der Griechen in diesen Tagen. Je nachdem, welches Wort Politiker in Athen wählen, um die Krise an der Grenze zu beschreiben, verschieben sie moralische Maßstäbe. Und die Folgen dieser Worte bekommen Flüchtlinge und Migranten zu spüren.

Der griechische Premierminister spricht von einem "Angriff" und einer "asymmetrischen Bedrohung". Während Kyriakos Mitsotakis Anfang der Woche in Berlin Bundeskanzlerin Angela Merkel trifft, erklärt der Vizemigrationsminister die Lage: Griechenland sei in einer Notsituation, sagt Georgios Koumoutsakos von der Regierungspartei Nea Dimokratia (ND). Die Türkei mache "Menschen zu Waffen". Das sei eine Bedrohung der "nationalen Sicherheit". Deshalb könne es nun zur Einschränkung von Menschenrechten kommen. Mit diesem Argument begründet Koumoutsakos die Aussetzung des Asylrechts bis zu einem Monat sowie die Härte der Sicherheitskräfte. Illegale Einwanderer würden jetzt festgenommen und kämen dann "in ein geschlossenes Zentrum und warten, bis sie in ihre Herkunftsländer zurückgebracht werden".

Koumoutsakos äußert sich noch vergleichsweise vorsichtig. Andere Politiker der ND sprechen von einer "Invasion" und einem "unerklärten Krieg". Einer von ihnen begrüßte sogar den Brand einer Flüchtlingseinrichtung auf Lesbos. Wenigstens er wurde aus der Partei geworfen.

Es ist eine Rhetorik der Mobilmachung. An der Grenze halten griechische Polizisten und Soldaten die von der türkischen Seite andrängenden Menschen auf, setzen Tränengas und Wasserwerfer ein; kommt aber doch einer durch, verfolgen ihn die Augen der Dorfbewohner und Hilfspolizisten aller Art, schließlich nimmt ihn die Polizei fest. Damit hat er dann fast noch Glück, denn mittlerweile sind im Grenzgebiet Bürgerwehren unterwegs, die mit Knüppeln und Gewehren Jagd auf Flüchtlinge machen. In der Stadt Feres schoss ein Heimatschützer einen Polizisten an, den er für einen Flüchtling hielt. Es entstehen Zonen der Gesetzlosigkeit.

Viele Griechen schämen sich dafür. Am Freitag vor einer Woche demonstrierten in Athen über 10.000 Menschen gegen die Verletzung von Menschenrechten und protestierten gegen die Wortwahl der Regierung. Im Parlament begehrt die oppositionelle linke Syriza auf. "Flüchtlinge sind keine Invasoren", sagt der Vizepräsident des Parlaments und Ex-

Verteidigungsminister Dimitris Vitsas. Grundsätzlich teilt er die Regierungslinie, die Grenze geschlossen zu halten. "Erdogan soll die Leute von der Grenze holen." Aber er lehnt die Suspendierung des Asylrechts ab, sie verletze "griechisches und internationales Recht". Die Regierung dürfe auch nicht die Bezüge anerkannter Flüchtlinge kürzen. Für solche Äußerungen beschimpft der Regierungssprecher die Syriza-Partei als das "Trojanische Pferd Erdogans".

Die Stimmung in Griechenland ist extrem aufgeraut, und davon profitiert die Nea Dimokratia. Nach einer Umfrage sind 81 Prozent der Griechen mit der harten Linie der Regierung einverstanden. Wenn die EU das Flüchtlingsabkommen mit Erdogan jetzt neu verhandelt, muss sie sich auf eine sture Haltung der Griechen einstellen. Beim Besuch in Berlin forderte Mitsotakis, dass Erdogan alle Menschen von der Grenze hole und dass künftig Schiffe der EU-Grenzschutzbehörde Frontex in türkischen Gewässern patrouillieren dürften.

Der ND-Politiker Koumoutsakos behauptet, dass viele in Europa seiner Regierung dankbar seien. Erdogan habe es geschafft, "Europa neu zu einigen". Er erinnerte daran, was EU-Kommissionspräsidentin Ursula von der Leyen den Griechen bei ihrem Besuch zugerufen hatte: "Ihr seid der Schild Europas." Noch so ein Wort, das Maßstäbe verschiebt.

Coronavirus in den USA: Verletzliche Supermacht

Das Coronavirus legt offen, wie fragil die USA sozial und ökonomisch wegen ihres schlechten Gesundheitssystems sind.

Von Andrea Böhm, Heike Buchter und Michael Thumann

25. März 2020, 16:50 Uhr Editiert am 25. März 2020, 18:56 Uhr DIE ZEIT Nr. 14/2020, 26. März 2020 729 Kommentare

Auf den ersten Blick sieht es aus, als würde hier in Brooklyn eine riesige Party vorbereitet. Rund um das Maimonides-Krankenhaus bauen Arbeiter Zelte auf, die in normalen Zeiten für Hochzeiten oder Sommerfeste angemietet werden. Nur die Gestalten in den Schutzanzügen, die dort ein und aus gehen, wollen nicht zur Idee einer Party passen. Das Maimonides Medical Center bereitet sich wie alle New Yorker Krankenhäuser auf die große Welle von Covid-19-Patienten vor. In den Zelten plant die Klinik, Schwerkranke zu behandeln.

Am Dienstag zählte der Bundesstaat New York offiziell 25.665 Erkrankte, mehr als die Hälfte aller Fälle in den USA. Alle drei Tage verdoppelt sich die Zahl der Infektionen. Der Gouverneur Andrew Cuomo schätzt, dass sein Staat 140.000 Krankenhausbetten brauchen wird, derzeit gibt es 53.000. "Wir wissen alle, dass das erst der Anfang ist, das wird hier wie in Italien", sagt ein Sicherheitsmann vor der Notaufnahme.

Maimonides wird es hart treffen. Das Krankenhaus mit knapp über 700 Betten liegt in einer Gegend weit weg von der glitzernden Skyline New Yorks. Hier leben überwiegend Einwanderer, das Hospital beschäftigt Übersetzer für fast 70 Sprachen. Viele Bewohner haben keine Krankenversicherung. Und das in New York City, wo schon jetzt vier Prozent aller Fälle weltweit registriert sind. "Wir sind das Epizentrum", gestand Bürgermeister Bill de Blasio am Wochenanfang.

All das wäre wohl zu verhindern gewesen, wären mehr Menschen getestet und isoliert worden. Doch es gab nicht genug Tests. Es gibt sie bis heute nicht. "Wir haben Anweisung, keine Mitarbeiter zu testen", sagt eine leitende Ärztin eines Gesundheitszentrums im an Brooklyn grenzenden Stadtteil Queens, die namentlich nicht genannt werden will. Ärzte oder Pfleger mit verdächtigen Symptomen sollen eine Woche lang zu Hause bleiben. Sobald sie 72 Stunden danach symptomfrei seien, sollten sie bitte wieder zum Dienst erscheinen, weil medizinisches Personal knapp sei. Wie eigentlich alles, was die Stadt jetzt laut der Ärztin braucht. Darunter mehrere Zehntausend Beatmungsgeräte. In manchen Krankenhäusern würden Schutzmasken, die eigentlich für den einmaligen Gebrauch gedacht seien, nun mehrfach benutzt, berichtet sie. Auch die Isolierstationen würden bald schon überfüllt sein.

Die Stadt sucht nach Räumlichkeiten. "Vielleicht kann der Bürgermeister einige der Milliardärswohnungen in Manhattan beschlagnahmen, die stehen ja sowieso leer", sagt die Ärztin. Zumindest Galgenhumor gibt es im Überfluss.

Ganz unten in der Versorgungshierarchie sind jene Amerikaner ohne Versicherung

Die Supermacht und das Virus – diese Kollision droht zu einem Desaster zu werden. Nicht nur in New York, sondern im ganzen Land. Die Angst vor der Katastrophe wächst, in doppelter Hinsicht: Das Gesundheitssystem droht an der Herausforderung zu scheitern, die hohe Zahl der Erkrankten zu versorgen, und die Wirtschaft könnte wegen der Schließungen und Kontaktsperren kollabieren. Immer mehr Amerikaner fragen schon, was in Deutschland kaum diskutiert wird: Was ist uns wichtiger, die Gesundheit oder die Wirtschaft?

Die Corona-Krise multipliziert die Schwächen eines Gesundheitssystems, das in eine Drei-Klassen-Medizin zerfallen ist. Die Wohlhabenden können sich eine teure Krankenversicherung und Zugang zu den besten Ärzten leisten. Die rund 153 Millionen Amerikaner, die über ihre Firmen versichert sind, plagen sich mit stetig steigender Eigenbeteiligung herum. Ganz unten in der Versorgungshierarchie sind die fast 30 Millionen Amerikaner im arbeitsfähigen Alter, die keine Krankenversicherung haben und die erst dann in der Notaufnahme auftauchen, wenn sie kurz vor dem Zusammenbruch stehen. In der Corona-Pandemie heißt das: Infizierte ohne Versicherung schleppen sich im Zweifelsfall noch wochenlang zu ihren prekären Jobs, stecken andere an, bevor sie diagnostiziert und behandelt werden.

Amerika hat brillante Spezialisten für Krebsbehandlung und Herztransplantationen, aber pro Kopf weniger Ärzte und Krankenhausbetten als die meisten anderen Industrieländer. Hausärzte sind rar, weil schlecht bezahlt, die medizinische Grundversorgung und damit der erste Schutz gegen eine Epidemie ist entsprechend löchrig.

Und noch etwas hilft dem Virus bei seiner Ausbreitung in den USA: die politische Führung im Weißen Haus. Das Virus werde verschwinden, sagte Präsident Donald Trump Ende Februar, die Warnungen von Fachleuten denunzierte er als Verschwörung seiner politischen Gegner. Man habe "alles unter Kontrolle", erklärte er noch Mitte März, als nichts mehr unter Kontrolle war. Am 19. März schwenkte er um und behauptete vor der Presse im Weißen Haus: "Niemand ahnte, dass es eine Pandemie oder Epidemie von solchen Ausmaßen geben würde."

Ein republikanischer Vizegouverneur sagt, es gebe Schlimmeres, als zu sterben

Falsch. Viele wussten, was eine Epidemie anrichten kann. Auch Trumps eigene Administration. Von Januar bis August 2019 hatten US-Behörden zusammen mit dem Roten Kreuz und anderen Organisationen einen solchen Ausbruch simuliert. Das Szenario liest sich heute wie eine unheilvolle Prophezeiung: Ein Virus, das die Atemwege befällt, wird aus China eingeschleppt, verbreitet sich zuerst in Chicago und infiziert schließlich 100 Millionen Amerikaner, von denen über eine halbe Million sterben. "Crimson Contagion" (Purpur-Seuche) hieß das Planspiel.

Vergangene Woche veröffentlichte die New York Times den Entwurf einer Auswertung durch das Gesundheitsministerium. Das Resümee: Die USA sind für größere Epidemien nicht gerüstet. Unter den Behörden des Bundes und der Einzelstaaten herrscht Konfusion über Zuständigkeiten, Daten werden unterschiedlich verarbeitet und interpretiert, die aktuelle medizinische Versorgungskette und Produktionskapazität "reichen nicht aus, um die nationale Nachfrage bei einer globalen Influenza-Pandemie zu erfüllen". Die Angst vor dem Zusammenbruch des Gesundheitssystems ist also sehr real.

Und die Wirtschaft?

Volksgesundheit oder wirtschaftliches Wohlergehen, das ist nicht erst seit Corona ein Gegensatz. Arbeitsschutz- und Umweltschutzgesetze schränken die Unternehmen ein. Es gab dann Kompromisse. Doch erst in der Pandemie-Krise wächst sich der alte Gegensatz zu einer furchtbaren Alternative aus: Was stirbt zuerst, das menschliche oder das wirtschaftliche Leben? Darauf geben die Bundesstaaten in den USA völlig unterschiedliche Antworten.

In Kalifornien und in New York haben die Gouverneure jetzt sehr schnell reagiert und Ausgangssperren verhängt. Dort leben viele Menschen, dort regieren Demokraten. In Texas, wo die Republikaner an der Macht sind, hält man traditionell wenig von Eingriffen der Regierung. In vielen texanischen Städten gibt es noch keine Kontaktsperren, Distanz zu anderen ist eine persönliche Entscheidung. Der Vizegouverneur von Texas, Dan Patrick, warnte auf Fox News vor dem wirtschaftlichen Zusammenbruch. Der 69-Jährige rief die Texaner auf: "Lasst uns zurück an die Arbeit gehen, lasst uns wieder leben!" Die Älteren sollten gut auf sich aufpassen, aber es gebe Schlimmeres, als zu sterben. "Ich will nicht, dass wir das ganze Land opfern."

Dem Vizegouverneur widersprechen hohe Beamte in Texas. "Ich hoffe, der Gouverneur überlegt sich das noch mal", sagte Clay Jenkins, Bezirkspräsident von Dallas County, als er auf einer Pressekonferenz vorrechnete, dass die Zahl der erwarteten Corona-Notfälle die Zahl der Krankenhausbetten weit übersteige. In Texas kommen auf 1.000 Menschen nur 2,9 Betten. Zum Vergleich: Sogar im gerade prekären Italien stehen 3,2 Betten für 1.000 Erkrankte zur Verfügung. Was offensichtlich schon nicht reicht. Doch damit nicht genug. Jenkins sagt, allein in Dallas lebten 250.000 unversicherte Amerikaner. "Die gehen nicht zum Arzt. Wenn wir hier nichts unternehmen, kann es furchtbar werden."

Menschenretter gegen Wirtschaftsretter: Die Debatte hat die ganzen Vereinigten Staaten erfasst. Das konservative Wall Street Journal warnt: "Wir werden einen Tsunami wirtschaftlicher Zerstörung erleben, der Dutzende Millionen von Amerikanern ihre Jobs kostet." Große Firmen könnten ein paar Wochen durchhalten, aber Millionen von kleinen und mittleren Unternehmen nicht. Trump sagt nun, die Einschränkungen sollen nur zwei Wochen gelten. Die Angst vor dem Absturz geht um.

Was die Panik weiter treibt, ist der Vergleich mit China. Die zweitgrößte Wirtschaftsmacht der Welt scheint aus dem Gröbsten der Corona-Krise raus zu sein. Das wirtschaftliche Leben läuft wieder an, während die USA noch alles vor sich haben. Chinesische Großunternehmer schicken in PR-Aktionen medizinische Ausrüstung in die USA. Diese Hilfe komme ausgerechnet aus dem Land, das das "Wuhan-Virus" in die Welt gesetzt habe, lästerte US-Außenminister Mike Pompeo. Regierungsberater befürchten, China werde die Krise nun nutzen, um seine geopolitische Position in der Welt zu verbessern.

Die Chancen dafür stehen nicht schlecht. Nachdem die chinesischen Behörden das Virus erst totgeschwiegen hatten, zeigte der autoritäre Staat danach, wie rasch er umschalten kann, um das öffentliche Leben lahmzulegen und über Nacht notfalls ein ganzes Krankenhaus zu errichten. Dagegen steht der US-Staat mit Präsident Trump, der heute das eine und morgen das Gegenteil behauptet, mit Bundesstaaten, die widersprüchliche Strategien verfolgen, mit den verfeindeten Parteien in Washington.

Anders als beim Finanzkollaps 2008/09 kann die Welt in dieser Krise keine Führung aus den USA erwarten. Während Donald Trump beim Ausbruch der Corona-Epidemie in Italien mit harschen Worten einen Einreisestopp für Europäer verhängte, schickten die Chinesen hygienische Ausrüstungen auch nach Italien. China hilft, die USA igeln sich ein. Das wird sich die Welt merken.

Abitur: Der Zweifel

Richtig prüfen!

Von Manuel J. Hartung

7. April 2020 DIE ZEIT Nr. 16/2020, 8. April 2020

Zigtausende Schüler verzweifeln gerade am Abitur. In einer Petition fordern sie, die Klausuren ausfallen zu lassen – wie soll man lernen, wenn überall Stillstand und Sorge herrschen? 140.000 Unterstützer gab es bei Redaktionsschluss.

Dabei sollte nicht nur in Krisenzeiten am Abitur gezweifelt werden. Nicht nur weil der Abschluss in manchen Bundesländern schwerer ist als in anderen. Sondern auch weil die Abiturnote einen Konstruktionsfehler enthält. Die abgebende Einrichtung (die Schule) entscheidet darüber, wen eine aufnehmende (die Uni) zulassen muss. "Es gibt nur zwei Institutionen, die sich ihre Insassen nicht aussuchen können", geht ein Bonmot unter Uni-Präsidenten, "Gefängnisse und Hochschulen."

Gerechter und logischer wäre es, wenn die Hochschulen flächendeckend Aufnahmetests einführten – gerade jetzt, anstelle des Krisen-Abiturs. Klingt aufwendig, klar. Doch viele Unis testen schon – nicht nur in Medizin, Kunst, Musik oder Sport, wo die Verfahren Tradition haben. Das Centrum für Hochschulentwicklung untersuchte gerade, wo bereits für wichtige Fächer geprüft wird; am Mittwoch erscheint die Analyse. In Anglistik, BWL und Soziale Arbeit hat jede dritte Hochschule einen Test, in Romanistik und Mathematik jede fünfte. Die Erfahrungen können andere nutzen.

Solche Prüfungen dürfen keine Pauktests sein. Sie müssen dabei helfen, herauszufinden, wie scharf jemand denkt und wie leidenschaftlich er sich für das Fach interessiert. Ein Test für Studienanfänger wäre viel sinnvoller als ein Krisen-Abi – eine Prüfung, an der viele Abiturienten zu Recht verzweifeln.

Moderne Kunst: Reißt euch die Masken ab!

Die moderne Kunst war immer ein Versprechen auf Radikalität. Was aber, wenn sich die Wirklichkeit nun selbst auf ungeahnte Weise radikalisiert?

Von Hanno Rauterberg

22. April 2020, 16:54 Uhr Editiert am 26. April 2020, 15:47 Uhr DIE ZEIT Nr. 18/2020, 23. April 2020 55 Kommentare

Gute Kunst, dachte man doch, muss ein Wagnis sein. Sie setzt sich selbst aufs Spiel, sie stellt die Welt infrage. Sie ist ein unausgesetztes Experiment. Nicht zufällig verstehen sich viele Künstler als ewig Forschende. Ihre Lieblingsmetapher ist das Labor; früher sagte man Atelier dazu.

Was aber wird aus diesen Leitideen der Moderne, wenn plötzlich die Gegenwart selbst zum Labor wird, zu einem Experiment mit offenem Ausgang, wie es jetzt überall heißt? Dann kann es einem so vorkommen, als habe das normale Leben mit einem Mal kunsthafte Züge angenommen. Viele Menschen empfinden die neue Corona-Welt als surreal, auch das ist jetzt oft zu hören. Surreal wie im Surrealismus, einst von Künstlern erfunden. Eine Welt, so ungewohnt und unabsehbar, wie es die Avantgarde seit jeher erhoffte.

Nichts sollte sein, wie es eben noch war, davon träumten viele Tabula-rasa-Künstler, die wie Kasimir Malewitsch ihre Motive und damit den stabilen Sinn von ihren Bildern wischten. Sie zielten, wie die Corona-Experten von heute, auf möglichst große Entleerung. So ließ Yves Klein die Räume einer Galerie in Paris komplett weiß streichen, ließ Michael Asher in Mailand von allen Galeriewänden die Farbe abkratzen – und beide sahen eben darin, in diesen Akten einer semantischen Desinfizierung, ein Werk der Kunst. Alles war nichts, und nichts war alles.

Doch eine Leere wie jetzt, im Zustand der sich nur langsam lösenden Corona-Starre, hätten sich auch die radikalsten Modernisten nicht zugetraut. Ihre Kunst sollte den Horizont aufreißen.

Sollte die Ordnung erschüttern, das Bürgertum verschrecken, sollte auf Teufel komm raus die Welt erneuern. Dafür schienen manchen selbst Gewalt und Terror legitim, Max Beckmann zum Beispiel, der den Ersten Weltkrieg bejubelte, weil er ihm ein "wildes, fast böses Lustgefühl" bescherte, oder Salvador Dalí, der für die Faschisten schwärmte.

un aber ist der Umsturz da, der Krieg, wie Trump und Macron ihn nennen. Und es ist, als hätten sich die Träume der Avantgarde insgeheim eingelöst: Der Virus hat die Wahrnehmung der Welt, um die ja die moderne Kunst vor allem kreist, so schwer erschüttert, dass manche schon meinen, der Mensch werde künftig anders, womöglich geläutert auf die eigene Existenz blicken.

Wenn es aber stimmt, dass sich die Gegenwart in eine soziale Skulptur verwandelt, so formbar und gemeinschaftsstiftend, so rätselhaft und befremdend, wie sie Joseph Beuys einst erträumte? Wenn es stimmt, dass sich die Wirklichkeit auf ungeahnte Weise radikalisiert, wofür braucht es noch die radikale Kunst? Irritation, Schock, Verfremdung, die gibt es jetzt, in Zeiten des Niedagewesenen, im Überfluss. Und so könnte nur eine Avantgarde, die ihren Geist der Negation negierte, dem bisherigen Selbstverständnis der kritischen Kunst ungerührt treu bleiben. Anderweitig verdoppeln die radikalen Künstler nur den Ausnahmezustand und geraten unausweichlich in ein tautologisches und also sehr langweiliges Verhältnis zur Welt. Sie brauchen das Normale, um die Gegenwelt der Kunst zu befeuern. Wird das Normale selbst anormal, gerät die Mission der radikalen Künstler rasch an ihr Ende.

Das gilt besonders für jene, die sich nicht mit formalen Experimenten begnügen, sondern politische Ziele verfolgen und die Moderne in ihren Verwerfungen durchleuchten. Dieses ästhetisch-kritische Selbstverständnis der Künstler ist mindestens so alt wie die Moderne, schon zu Beginn des 19. Jahrhunderts gibt es ein großes Unbehagen an der Gegenwart, und es wächst die Sehnsucht nach Wahrhaftigkeit. Der Mensch, so die Klage, habe sich entfremdet: von Gott, von der Natur. Und vornehmlich in der Kunst könne er zu sich selbst finden und zu alter Harmonie.

Diese Sehnsucht setzte in der Moderne ungeahnte Energien frei: Manche Künstler zog es in die Südsee, andere an die Moritzburger Teiche oder ins Moor bei Worpswede, weil sie hofften, dort auf eine Unverdorbenheit zu treffen, die ihre Kunst beleben würde. Pablo Picasso schwärmte bekanntlich für die "primitive Kunst", auch Joseph Beuys mit seiner Tataren-Legende bediente die Vorstellung, dass "Urvölker" ein anderes, tieferes Verständnis der Natur und damit einen Direktzugang zur wahren Wahrheit besäßen. Er strebte danach, sich wie ein

Hase "stark in diese Erde hineinzuinkarnieren" oder zumindest in seinem Denken eins zu werden mit der Schöpfung.

Doch hat sich dieser Glaube, dass die Ursprünglichkeit erstrebenswert sei, spätestens mit der Corona-Pandemie erledigt. Wer es nicht längst ahnte, muss spätestens jetzt erkennen, dass die romantische Natursehnsucht als Ausgangs- und Zielpunkt der Modernekritik nichts anderes bedeutet als Verklärung. Das Coronavirus ist ja eben das: sehr natürlich. Es ist das jüngste Produkt einer höchst vitalen Evolution. Und just diese Evolution ist es, die ein anderes Geschöpf, den Menschen nämlich, dazu zwingt, sich vor der Natur, deren Teil er ist, in Acht zu nehmen. Der Mensch sperrt sich selbst ein, wie er zuvor jene geschuppten Wildtiere einsperrte, die das Virus in sich trugen und an chinesische Händler weiterreichten. So vermuten es jedenfalls viele Wissenschaftler.

Es ist also keineswegs so, dass allein der Mensch die Natur zum Objekt macht. Es ist auch umgekehrt: Die Natur macht den Menschen zum Objekt, und es reicht ein unsichtbares Teilchen wie das Virus, schon entzivilisiert sich die Zivilisation, und selbst basale Gesten der Höflichkeit wie der Handschlag gelten als tabu. Umso absurder wirkt es, wenn Künstler das vermeintlich Wilde und Vorzivilisierte weiterhin als Gegenmacht zur aufgeklärten Moderne begreifen und die Natur als irgendwie unschuldig und also als unbedingt schützenswert deklarieren.

Doch dieses Muster der Modernekritik – "das Ursprüngliche ist gut, alles Geregelte ist Entfremdung" – durchzieht weite Teil der aktuellen Kunstproduktion. Etliche Künstler, die sich wie der Brasilianer Ernesto Neto mit Artenschutz und Klimawandel befassen, befeuern das bipolare Denken, in dem die Natur stets nur als gütige Mutter gedacht wird und nicht ebenso als fürchterlicher Teufel. Auch der Hang zur Outsider-Kunst, zu Werken von seelisch kranken oder geistig behinderten Menschen, wird oft getragen von der Vorstellung, dass aus den Werken dieser Außenseiter eine andere, weil ungefilterte Wahrheit spreche. Ähnliches gilt für die Kunst indigener Gruppen, über die gerade viel debattiert wird und die in den Museen stärker vertreten sein sollen, aus Gerechtigkeitsgründen und weil man ihre Werke für anders modern und unverfälscht hält.

Sogar im grassierenden Dilettantismus der Gegenwartskunst, im absichtlich Halbgaren und Unfertigen, dem Prozesshaften und Vorläufigen, das so viele Künstler bis heute fasziniert, steckt noch etwas von der Vorstellung, dass auf diese Weise etwas Ungezügeltes und also unzivilisiert Naturhaftes ins Werk gelangen und es beleben könne.

Natürlich ist die Idee reizvoll, dass sich der Mensch erst im Kontrollverlust, einem dionysischen Überschwang, selbst übersteige und etwas hervorbringe, von dem er nicht wusste, dass es überhaupt in ihm steckt. Gerade jetzt, da alle an sich halten, zur größtmöglichen Selbstkontrolle gezwungen, wäre es ein freiheitlicher Ausbruch ohnegleichen, endlich die Fesseln des Erlaubten und Sinnvollen zu sprengen: Reißt euch die Masken ab! Scheut weder Virus noch Tod!

Immer wieder war die Kunst gut für solche Akte der Enthemmung, für die Feier der Unvernunft, des Triebhaften und der Zerstörung. Allerdings wird man inmitten der Corona-Krise einräumen müssen, dass es an Unvernünftigkeiten nicht mangelt. Vor allem aber ist das Versprechen darauf, dass der Mensch im Augenblick des Kontrollverlusts der "wahren Natur" wieder näherkommen könnte, wohl nie unattraktiver gewesen als jetzt, da alle erkennen müssen, wie finster und feindlich dieses Natürliche sein kann, sobald wir ihm zu nahe kommen.

Papst Benedikt XVI.: Ratzinger, gegen seine Liebhaber verteidigt

Die Skandale um den Papst a. D. sind leider immer unter seinem Niveau

Von Evelyn Finger

6. Mai 2020 DIE ZEIT Nr. 20/2020, 7. Mai 2020 6 Kommentare

Erinnern Sie sich noch an seine Rede vor dem Bundestag, als er das Thema Gerechtigkeit wiederaufleben ließ? Haben Sie mal in seinem Redenband Die Ökologie des Menschen geblättert, worin er bleibende Gedanken über die Menschenwürde entfaltet? Und wussten Sie, dass Joseph Ratzinger seinen ersten Bestseller – die Einführung in das Christentum aus dem Jahr der Revolte 1968 – mit beherzten Sätzen zur Lage der Religion in der Moderne eröffnete?

Nein? Kein Problem. Hier wäre so ein Satz: "Der Glaubende wie der Ungläubige haben, jeder auf seine Weise, am Zweifel und am Glauben Anteil, wenn sie sich nicht vor sich selbst verbergen und vor der Wahrheit ihres Seins." Das muss man nicht so sehen, man kann aber mit Gewinn darauf herumdenken. Zumal Ratzingers Sound seit je so viel schöner und klarer klang als der des fast gleichaltrigen Michel Foucault. Dass der Franzose schon 1984 starb, hat seine Popularität bei den Studenten nur gesteigert. Dass der Deutsche noch lebt, gibt einigen seiner Fans Gelegenheit, das Ansehen ihres Idols immer weiter zu beschädigen. Seit Benedikt XVI. vor sieben Jahren zurücktrat, erschienen auf ihr Betreiben diverse Texte Ratzingers, die geeignet waren, ihn als weltfremden Traditionalisten und verstockten Modernefeind dastehen zu lassen. Mal ging es um Ehe- und Sexualmoral. Mal um das Judentum. Dann um Missbrauch. Jüngst um den Zölibat.

Und nun ist also eine 1072 Seiten dicke Biografie von seinem Verehrer Peter Seewald mit dem pflichtlektüreverdächtigen Titel Benedikt XVI. Ein Leben erschienen. Gegen das Buch spricht keineswegs, dass es sich um eine Eloge handelt, sondern dass der Verfasser partout noch Interviewfragen hinten dranhängen musste. Aus den Antworten des greisen Papa emeritus kursieren nun Sätze wie: "Vor hundert Jahren hätte es noch jedermann für absurd gehalten, von homosexueller Ehe zu sprechen." Oder: "Die moderne Gesellschaft ist dabei, ein antichristliches Credo zu formulieren, dem sich zu widersetzen mit gesellschaftlicher Exkommunikation bestraft wird." Oder: "Die Behauptung, dass ich mich regelmäßig in öffentliche Debatten einmische, ist eine bösartige Verzerrung der Wirklichkeit." Armer Papst.

Was er sagt, eignet sich abermals, als Attacke auf alles Heutige und als Philippika gegen jegliche Kirchenkritik verstanden zu werden. Das ist, was gewisse Fans offenbar wollen. Das ist, wozu sie den gewesenen Papst, der die öffentliche Wirkung seiner Worte noch nie gut abschätzen konnte, brauchen. Leider ist das unter seinem Niveau. Beim nächsten Skandälchen schreiben wir in Anlehnung an Adorno eine Glosse: "Ratzinger, gegen seine Liebhaber verteidigt". Aber jetzt ziehen wir uns erst mal mit einem beliebigen alten Buch des alten Papstes aufs Sofa zurück.

CSU: Ist das ein neuer Söder?

Der bayerische Ministerpräsident hat seit der Flüchtlingskrise eine steile Lernkurve hingelegt.

Von Mariam Lau

19. Mai 2020, 16:52 Uhr Editiert am 20. Mai 2020, 15:27 Uhr DIE ZEIT Nr. 22/2020, 20. Mai 2020 357 Kommentare

Wenn am kommenden Freitag der CSU-Parteitag in München seine virtuellen Tore öffnet, wird man zwei steile Lernkurven des Konservativen besichtigen können. Parteichef und Ministerpräsident Markus Söder empfängt den österreichischen Bundeskanzler Sebastian Kurz als Zuschalt-Gast. Beide haben vor allem in der Flüchtlingskrise 2015 Ausfallschritte nach rechts außen unternommen, die ihnen nicht gut bekommen sind. Den knieschlotternden Versuch der CSU, die AfD zu übertrumpfen, haben die bayerischen Wähler 2018 mit einer schallenden Ohrfeige quittiert. Sebastian Kurz' Flirt mit der rechtspopulistischen FPÖ endete mit den Schmutzeleien der Ibiza-Affäre und einem verlorenen Misstrauensvotum. Nun regiert er praktisch reibungslos mit den einst verteufelten Grünen – und erfreut sich wieder fabelhafter Umfragewerte.

Söders und Kurz' kometenhafte Karrieren hatten lange Zeit einen gemeinsamen negativen Fixpunkt: die deutsche Bundeskanzlerin. Als österreichischer Außenminister, der in der Flüchtlingskrise gemeinsam mit dem ungarischen Premierminister Viktor Orbán die Schließung der Balkanroute organisierte, war Sebastian Kurz für die CSU im Herbst 2015 die Lichtgestalt gegen Merkels "Herrschaft des Unrechts" (Horst Seehofer), die durch ihre Aussetzung der Dublin-Regeln der illegalen Massenzuwanderung Vorschub geleistet habe.

Kurz widerlegte ein zentrales Motiv Merkelscher Politik: die Alternativlosigkeit. Sie behauptete, man könne keine Grenzen schließen – Kurz tat es. Sie kämpfte gegen eine "Obergrenze" – Kurz beschloss sie (Merkel später auch). Für Söder, für die CSU, aber eben auch für CDU-Politiker der mittleren Generation, die Kurz' wirtschaftsfreundlichen Kurs schätzen, diente er die vergangenen Jahre als Projektionsfläche schlechthin: Er war der Anti-Merkel.

Damit ist es nun vorbei. Schenkt man Söders selbstkritischen Äußerungen im Rückblick auf die Flüchtlingskrise Glauben, hat er genau erkannt, was am Verhalten der CSU damals so fatal war: nicht die sachliche Kritik am Umgang mit den Flüchtlingen durch das in der Tat schlingernde Kabinett Merkel. Es war der Vorwurf des "Rechtsbruchs" und die verunglückte Klage vor dem Bundesverfassungsgericht gegen die eigene Regierung, die deren Legitimität und Glaubwürdigkeit damals nachhaltig beschädigte und der AfD einen märchenhaften Auftrieb verschaffte.

In den Corona-Protesten dieser Tage schwingt ein Echo jenes strategischen Riesenfehlers mit: der Verdacht des "Volksverrats". Die Protagonisten von damals finden sich, inklusive Verfassungsrechtlern, zuverlässig an denselben Polen des Geschehens – nur Armin Laschet und Markus Söder haben die Rollen als Systemsprenger und -verteidiger getauscht. Und wieder ist nicht die Kritik an einzelnen Schritten problematisch – man wird Laschet zum Beispiel dankbar sein dürfen dafür, dass es in Deutschland nur eine Kontaktbeschränkung gab und keine Ausgangssperre. Fatal ist seine Suggestion, die Bundesregierung verletze Grundrechte in leichtsinniger Weise.

Wie immer kommt bei Markus Söder die Frage auf, ob der nun ergrünte, Bäume herzende, Bienen schützende, Frauen fördernde Mr. Ernsthaft da vorn auf der Bühne echt ist oder nur ein neues, besonders gelungenes Kostüm. Die Antwort lautet: Ist egal. Die Umstände treiben den

Staatsmann und Landesvater quasi aus ihm hervor. Wer daran gemessen wird, ob Landsleute zu Hunderten mit brennenden Lungen sterben, dem vergeht die Lust auf frivole politische Posen. Die bayerische Wirtschaft, so hört man, hat äußersten Druck auf Söder ausgeübt, die Beschränkungen schneller zu lockern. Söder tat es nicht. Sein Schulterschluss mit der Kanzlerin gerät ihm bei manchen Beobachtern jetzt schon zum Verhängnis: Schau mal an, der Schoßhund. Söder kümmert es nicht. Als Chef der schwer zu bändigenden Ministerpräsidenten-Löwenrunde erlebt er, was Sebastian Kurz als EU-Ratspräsident erlebt hat – wie das so ist, wenn man Beschlüsse verantworten muss, statt sie nur vom Rand aus zu rezensieren. Verantwortung heilt, manchmal, manche.

Aus all dem ergibt sich zwangsläufig die Frage nach der Kanzlerschaft. Markus Söder hat die K-Frage bisher immer sofort in die Armbeuge gehustet. Aber wenn nicht alles täuscht, gelten Söders enorme Zustimmungswerte nicht nur dem "strammen Zuchtmeister", zu dem ihn unlängst die NZZ herunterspötteln wollte. Sie gelten auch einem, der über sich hinausgewachsen ist. Gut möglich, dass die Union das eines Tages honorieren muss.

SpaceX: Die einigende Kraft der Raumfahrt

Was wir von Astronauten lernen können

Von Marcus Rohwetter

3. Juni 2020, 16:55 Uhr Editiert am 6. Juni 2020, 8:33 Uhr DIE ZEIT Nr. 24/2020, 4. Juni 2020
138 Kommentare

Das war ein großer Schritt für ein Unternehmen – und ein ebenso großer für die Menschheit. Am vergangenen Samstag startete um 21.22 Uhr deutscher Zeit eine Falcon-9-Rakete des amerikanischen Unternehmens SpaceX. 19 Stunden später erreichten zwei Astronauten in der Raumkapsel Crew Dragon die Internationale Raumstation ISS. Erstmals wurde die Weltraumbehörde Nasa damit zum Kunden eines kommerziellen privaten Dienstleisters, der ihre Mitarbeiter zur Arbeit bringt. Der Flug der Crew Dragon ist ein Meilenstein in der Geschichte der bemannten Raumfahrt.

Der Start der Rakete in Cape Canaveral im US-Bundesstaat Florida wurde live von der Nasa gestreamt. Zwar war er kein so fesselndes Fernsehereignis wie der Start der Apollo-11-Mission und die erste Mondlandung vor mittlerweile mehr als einem halben Jahrhundert. Dennoch vermittelte er etwas von der Faszination und der einigenden Kraft, die der Raumfahrt nach wie vor innewohnen.

Wie in einer Science-Fiction-Serie stehen echte Reisen ins All für den Drang, neue Orte zu erkunden, die nie ein Mensch zuvor gesehen hat. Schon der Prototyp der längst ausgemusterten Spaceshuttles wurde nach dem Fernsehraumschiff Enterprise benannt – dessen bunte Besatzung eine fiktionale Gesellschaft abbilden sollte, die nationalstaatliches Kleinklein zugunsten wirklich großer Ziele hinter sich lassen konnte.

Dieses Verbindende war der Raumfahrt zuletzt ein wenig verloren gegangen. Die ISS wurde weniger als technische Gemeinschaftsleistung betrachtet, an der sich mehr als ein Dutzend Nationen beteiligen, sondern eher als eine Art orbitale Bushaltestelle oder als Space-Garage voll sonderbarem Krempel. Dafür interessierte man sich hierzulande höchstens mal, wenn ein deutscher Besucher wie Alexander Gerst herabwinkte.

Wenn jetzt nicht nur die robusten russischen Sojus-Kapseln Menschen dorthin bringen können, sondern wenn das auch der Crew Dragon gelingt, ist bewiesen: Private Raumfahrtfirmen bieten Alternativen, ermöglichen Wettbewerb und sorgen damit für Fortschritt. Und zeigen sogar, dass Privatisierung nicht von vornherein böse sein muss, wie es reflexartig in vielen Debatten um Krankenhäuser, Schwimmbäder oder Wasserwerke heißt.

SpaceX-Chef Elon Musk mag auf manche wie ein Freak wirken (würde ein normaler Mensch seinen neugeborenen Sohn ernsthaft X?Æ?A-Xii nennen?). Seine unternehmerischen Erfolge muss man trotzdem anerkennen. Er hat den Elektroautopionier Tesla aufgebaut und nun Menschen zur ISS gebracht. Den Mond und den Mars will er auch noch erreichen. Go ahead!

SpaceX ist ein amerikanisches Unternehmen, der Passagiertransport war der erste von amerikanischem Boden seit 2011, und die Mission wurde auf Twitter unter dem Hashtag #LaunchAmerica gefeiert. Doch streng genommen verlässt eine Rakete niemals nur ein Land. Ein Raumschiff verlässt immer die Erde. Aus dem All zurückgekehrte Astronauten beschreiben sie als "wunderschön", "einzigartig" und "verletzlich". Auch das gehört zum Verbindenden der Raumfahrt: Nationalgrenzen sieht man von dort oben nicht. Man sieht die Welt als Ganzes. Diese Perspektive fehlt oft im Umgang mit globalen Problemen – sei es der Klimawandel oder das Coronavirus.

Der Flug der Crew Dragon bringt wieder ins Bewusstsein, was Menschen leisten können, wenn sie zusammenarbeiten. Seit dem Bau der ISS haben 240 Menschen aus 19 Nationen dort gelebt und gearbeitet. Gemeinsam haben sie Experimente durchgeführt, Fragen beantwortet, Probleme gelöst. Wofür? Für das, was sie bei jedem Blick aus dem Fenster der Internationalen Raumstation gesehen haben. Wenn die Menschen schon die Schwerkraft überwinden können und seit zwei Jahrzehnten einen ständigen Zweitwohnsitz im Weltraum haben – was ist ihnen gemeinsam wohl sonst noch alles möglich?

Covid-19: Bin ich Blutgruppe 0?

Warum Covid-19 so unterschiedlich verläuft.

Von Ulrich Bahnsen

17. Juni 2020 DIE ZEIT Nr. 26/2020, 18. Juni 2020 1 Kommentar

Ich bin einer von 750.000, deren Gene gerade eine wichtige Frage in der Covid-19-Krise beantworten sollen: Wieso stecken die einen sich mit dem Virus an, während andere verschont bleiben? Und warum entwickeln die meisten Infizierten nur geringe Symptome, während andere wochenlang auf der Intensivstation liegen und oft sterben? Offenbar sind vor dem Virus nicht alle gleich.

Wir, die 750.000 Freiwilligen, sind Kunden bei dem US-Unternehmen 23andMe. Wir alle hatten bereits eine Speichelprobe an die Firma geschickt. Die erstellt damit Genprofile, etwa für die Suche nach Verwandten. Im Moment aber sucht sie in unseren Gendaten nach Merkmalen, die entweder vor Covid-19 schützen oder aber das Erkrankungsrisiko erhöhen.

Als Freiwilliger beantwortete ich gerade Fragen im Formular – etwa nach Bluthochdruck. Und dann stand da diese: "Welche Blutgruppe hast Du?" Keine Ahnung. Ich ließ sie unbeantwortet und dachte: blöde Frage. Die haben mein Genprofil schon, also kennen sie ohnehin meine Blutgruppe. Da wusste ich noch nicht, wie dringend ich sie auch selbst würde kennen wollen.

Die erste Nachricht von 23andMe kam am Montag vergangener Woche. Es seien vorläufige Ergebnisse ihrer Studie, aber so viel vorab: Die Gefahr einer Infektion sei bei Blutgruppe 0 zwischen 9 und 18 Prozent geringer als bei anderen Blutgruppen. Und da stand auch der Name eines genetischen Amuletts: rs505922 T/T. Diese Formel bezeichnet einen einzigen Baustein im Genom. Wer an dieser Stelle von beiden Eltern den DNA-Baustein T geerbt habe, besitze erhöhten Schutz vor der Seuche. Der Baustein liegt auf dem Chromosom 9, und dort im ABO-Lokus, der die Blutgruppe festlegt. Aber welche habe ich bloß?

Dass die Blutgruppe 0 einen erheblichen Schutz vor einer schweren Covid-19-Erkrankung haben könnte, ermittelte in diesen Tagen auch der Kieler Immungenetiker Andre Franke. Sein

Team hat Genprofile von über 1600 schwer erkrankten Patienten aus Spanien und Italien mit denen von 1725 Menschen verglichen, die gesund geblieben waren. Gibt es etwas, was Letztere vor Intensivstation und Beatmung schützt?

Ja, gibt es, schreiben Franke und seine Kollegen diese Woche im New England Journal of Medicine: die Blutgruppe 0. Wer sie besitzt, habe ein um ein Drittel geringeres Risiko, in der Beatmung zu landen, falls er sich infiziere. Schlechtere Karten haben Menschen mit Blutgruppe A – ein um 50 Prozent höheres Risiko als der durchschnittliche Patient. Ein weiteres Signal entdeckten die Forscher in einem Bereich des Chromosoms 3. Dort befinden sich sechs Gene – welches den Einfluss auf den Krankheitsverlauf hat, ist unklar.

Was bedeutet das nun? "Andere Faktoren haben mehr Effekt", sagt mir der Düsseldorfer Mediziner Torsten Feldt, "bei jüngeren Patienten mit starkem Übergewicht ist die Sterblichkeit fünffach erhöht." Andre Franke aus Kiel stimmt ihm da zwar zu. Doch am Telefon erklärt er mir: "Übergewicht und Vorerkrankungen erklären die unterschiedlichen Verläufe nur zum Teil."

Übergewicht habe ich nicht. Aber welche Blutgruppe? Dann fällt mir ein, dass ich ja mein Genomprofil auf der Website von 23andMe aufrufen kann. Was habe ich an jener entscheidenden Stelle im Blutgruppenlokus geerbt? Die Seite gibt mir Auskunft über mein rs505922. "Dein Genotyp", lese ich da: "T/T". Blutgruppe 0!

Theater: Geheimnisvolle Spiele im Nebel

Ein Zwischenbericht aus dem stillstehenden Theaterleben

Von Peter Kümmel

1. Juli 2020, 16:02 Uhr Editiert am 1. Juli 2020, 19:19 Uhr DIE ZEIT Nr. 28/2020, 2. Juli 2020
2 Kommentare

Theatergeschichte in aller Kürze: Das Ganze hat vor 2500 Jahren in Griechenland begonnen und seitdem nicht mehr aufgehört. Das Theater ist die robusteste aller Kunstformen. Doch was sich vor Kurzem auf einem nassen Markt in China ereignete, bewirkte Ungeheures: Zum ersten Mal kam das Bühnenleben weltweit zum Erliegen. Kein Wunder, dass nun die Theaterleute auf ihren leeren Bühnen stehen und wie Pioniere in die Zukunft blicken: Wie lassen sich die Häuser mit Volk füllen, ohne dass sie zu Hotspots, gleichsam zu Ischgl-Tourneebühnen, zu Tönnies-

Buden werden? Wie kann man dem Publikum das Gefühl vermitteln, es sei hier vor dem Virus sicher?

Am Berliner Ensemble experimentieren sie jetzt mit einer Art Schutz- und Heilnebel, den sie probeweise auf das Gestühl und die darin sitzenden Zuschauer niedergehen lassen. Dieser Nebel habe, so wird behauptet, die Gabe, im Sinken 99 Prozent aller im Raum schwebenden Viren und Übelpartikel mit sich zu Boden zu zwingen, wo sie keinen Schaden mehr anrichten. Mit dem Theaterbesuch wäre künftig also das diskrete Zischen des durch Düsen entfliehenden Dunstes verbunden – der alles, was da geschähe, angenehm benetzte und beruhigte. Eine Gefahr der Methode bestünde darin, dass das Beste an dieser neuen Theaterwelt der Schöpfungsnebel selbst sein könnte, aus dem sie hervortritt. Ein anderes Problem ergäbe sich daraus, dass die Sache nicht ganz billig ist. Während in den letzten Jahren eine prachtvolle Drehbühne das oberste Zeichen des deutschen Theaterreichtums war, könnte es jetzt der Luxusnebel sein, der allen Beobachtern zeigen würde, wie großartig dieses Land seine Künste schützt.

Der Berliner Nebeltest erinnert uns an eine Meldung, die wir kürzlich über Wladimir Putin lasen. Wer zum russischen Präsidenten in den Kreml vorgelassen werden will, der muss, so stand da, durch Desinfektionsschleusen hindurch, in denen er vermutlich ebensolche Erfahrungen macht wie demnächst das Publikum des Berliner Ensembles. Und auch in Putins Staat sorgt man sich um die Zukunft des Theaters, wenngleich es ein wenig andere Sorgen sind. Auch hier liegt die Zukunft im Nebel. Aber es ist ein giftiger Nebel. Es ist der Nebel der Herrschaft.

Soeben ist in Moskau der Theater- und Filmregisseur Kirill Serebrennikow zu drei Jahren Haft auf Bewährung verurteilt worden. Er sei, so die Begründung, Kopf einer kriminellen Vereinigung, die sich der Unterschlagung von 1,6 Millionen Euro schuldig gemacht habe. Bis zur Wiedererstattung jener Summe habe Serebrennikow unter Hausarrest zu bleiben. Dem Ganzen gingen ein dreijähriger Prozess und Serebrennikows Hausarrest voraus.

Hier wird ein Exempel statuiert, aber nicht, um einen Kritiker stracks zu vernichten, sondern, im Gegenteil, um sich den Mann frisch zu halten in einer Art Geiselhaft, ja eigentlich: um an ihm auf Jahre hin die mutmaßlich endlose Herrschaft Putins zu demonstrieren. Serebrennikow hat selbst einmal gesagt, die Reformkräfte Russlands unter dem damaligen Präsidenten Medwedew hielten sich ihn, Serebrennikow, wie ein Maskottchen, "a white bird". Nun wird er zum Symbol der Restriktionspolitik Putins.

Thomas Ostermeier, Intendant der Berliner Schaubühne, kennt die Sachlage gut – und er kennt Serebrennikow. Am Telefon sagt er: "Der Vorwurf der Veruntreuung ist absurd; von dem Geld, das Serebrennikow und seine Mitangeklagten angeblich unterschlagen haben, sind 340 Veranstaltungen gemacht worden." Die Bewährungsstrafe sei ein doppelt "schlaues" Zeichen: Einerseits habe man den Anschein vermieden, eine Terrorjustiz zu sein, Serebrennikow wurde ja nicht in Haft genommen. Andererseits, so Ostermeier, hätten alle Künstler das Signal verstanden: "Schnauze halten – sonst schauen wir uns eure Geschäftsbücher an!" Es sei ein gängiges Spiel in Russland: Man übe keine Zensur, sondern stelle, wenn man Künstler mundtot machen wolle, steuerrechtliche Verfehlungen fest, die könne man immer finden; so entstehe "ein Gogolsches System der Abhängigkeiten".

Warum Ostermeier, der in Russland als Regisseur arbeitete und dorthin gute Kontakte hat, so ungeschützt redet? "Ich werde eh nicht mehr nach Russland reisen, ich habe die Schnauze voll, ich fühl mich dort nicht mehr wohl. Ich will's nicht drauf ankommen lassen."

Das Theater steht still – noch. Aber der Bühnennebel wabert gewaltig. Weh dem, der es nicht mit schützendem, sondern giftigem Nebel zu tun hat.

Maskenpflicht in Jena: Eins auf die Nase

Keine Stadt war so streng mit der Maskenpflicht wie Jena – mit eindrucksvollem Erfolg. Warum wachsen nun die Zweifel?

Von Anne Hähnig

15. Juli 2020, 16:58 Uhr Editiert am 16. Juli 2020, 15:21 Uhr DIE ZEIT Nr. 30/2020, 16. Juli 2020 47 Kommentare

Irgendwann ist die Masken-Wut in Jena so groß geworden, dass selbst das Ordnungsamt unter Polizeischutz gestellt werden musste. Es war im Juni, sagt Thomas Nitzsche, der 44-jährige Jenaer Oberbürgermeister (FDP). Damals begannen Bürger zu schimpfen und zu pöbeln, wenn Mitarbeiter der Stadtverwaltung durch die Straßen gingen und die Einhaltung der Corona-Regeln kontrollierten. Einige Jenaer wollten sich nicht mehr belehren lassen, dass sie Maske zu tragen und Abstand zu halten hätten.

Deshalb sorgte Nitzsche dafür, dass seine Leute, bis sich der Ärger wieder gelegt hat, nur noch in Begleitung von Polizisten durch die Innenstadt patrouillieren. So wurde im Juni auch in Jena sichtbar, wie die Stimmung in Deutschland sich verändert: von überwältigender Zustimmung für die Präventionsmaßnahmen zu Unmut und Wut. Dass zuletzt einige Landespolitiker, vor allem aus dem Osten, öffentlich die Frage aufgeworfen haben, wie lange man die Bürger eigentlich noch zum Masketragen verpflichten könne, das liegt auch an der Lage in Orten wie Jena.

Es ist die Stadt, die sich wie keine andere mit restriktiven Maßnahmen gegen die Corona-Pandemie hervorgetan hat. Oberbürgermeister Nitzsche, äußerlich der Typ unauffällig-seriöser Anzugträger, griff hart durch. Die Maskenpflicht führte er schon Anfang April ein – zu einem Zeitpunkt, an dem selbst Bundesgesundheitsminister Jens Spahn (CDU) das noch für übertrieben hielt. Einreisende aus belasteteren Bundesländern schickte Nitzsche in Quarantäne, als das Robert Koch-Institut sich zu solcher Empfehlung nicht hatte durchringen können. Jena schloss auch als erste Thüringer Stadt die Fitnessstudios und Restaurants.

Nitzsche hatte Erfolg, die Zahl der täglichen Neuinfektionen liegt seit Wochen nahe bei null.

Aber heute gibt es viele in der Stadt, die Zweifel haben, ob das alles so hart, so energisch, so lange notwendig war. Es kommt jedenfalls kein Gefühl der Glückseligkeit oder wenigstens Zufriedenheit auf. Zwar sei, sagt Oberbürgermeister Nitzsche, auch in Jena die überwältigende Mehrheit der Bürger für die Maskenpflicht, für weiterhin eher strenge Regeln. Und manchmal würden sich Leute auch bei ihm bedanken für seine Politik. "Aber das Problem ist, dass die Maskengegner immer radikaler auftreten." Sie bepöbelten nicht nur seine Beamten vom Ordnungsamt, sie machten richtig Stimmung. In den sozialen Medien und anderswo.

Doch es sind nicht nur die Radikalen, die Nitzsche Sorgen bereiten müssen. Es sind auch jene, die früher eher an seiner Seite kämpften und die jetzt Zweifel hegen.

Petra Wagner arbeitet als Unternehmensberaterin in Jena, und im März war sie eine jener Ehrenamtlichen, die dazu beitrugen, dass die Stadt der Pandemie Herr wurde. Kurzzeitig wurden Wagners Büroräume in einem Dachgeschoss mitten in der Stadt zur Zentrale eines Nähstudios. Damals kümmerte die 48-Jährige sich darum, dass binnen Wochen mehrere Tausend Masken entstanden, vor allem für Ärzte und Pfleger. Ihre Initiative war ein Grund dafür, dass der Oberbürgermeister bald entschied: Die Maskenpflicht können wir einführen, weil die Jenaer ja selber nähen.

Das Präventionsparadox

Aber wenn man Petra Wagner heute besucht, trifft man keine Frau, die einfach nur stolz ist auf ihren eigenen kleinen Beitrag zum großen Gelingen. "Es gibt ja nicht nur radikale Maskengegner", sagt sie. "Es gibt auch Skeptiker, die im Dialog überhaupt nicht mehr mitgenommen werden." Das Infektionsgeschehen liege bei quasi null. Trotzdem gelte die Maskenpflicht. Sie selber sei nicht dagegen, sagt Wagner: "Aber manchmal geht es um Kleinigkeiten." Und eine Kleinigkeit könnte aus ihrer Sicht darin bestehen, die Maskenpflicht zu einer Empfehlung zu machen. Zumal die Abstands- und Versammlungsregeln das Leben vieler Unternehmer bis heute sehr schwer machten. "Wenn ich eine Veranstaltung mit zehn Leuten organisieren will, muss ich dafür einen Tanzsaal buchen. Und ich frage mich, ob Politiker wirklich noch einen guten Zugang zu den Bürgern haben, um Maßnahmen im Herbst wieder zu verschärfen, wenn es vielleicht nötig wird." Was immer noch fehle, sei ein Plan für den Winter.

Der Virologe Christian Drosten spricht gern vom Präventionsparadox: Gute Maßnahmen sorgten für geringe Infektionszahlen, die aber lösten nicht Jubel, sondern Kritik an den Maßnahmen aus. In Jena lässt sich das Präventionsparadox besonders gut beobachten.

Für die Wissenschaft war es ein Glücksfall, dass diese Stadt vor allen anderen die Maske in Bussen, Bahnen und Geschäften zur Pflicht machte. So lässt sich heute erforschen, was das eigentlich gebracht hat. Wissenschaftler mehrerer Universitäten um den Mainzer Ökonomen Klaus Wälde haben zuletzt die Zahl der Neuinfizierten in Jena verglichen mit derjenigen in anderen Städten, die Jena ähnlich sind und wo keine Maskenpflicht galt. Ergebnis: Jena hatte im April nur ein Viertel so viele neue Covid-19-Fälle.

Wenn man sich fragt, warum die Stimmung in der Stadt trotzdem bisweilen so ungnädig ist, dann hat das vielleicht etwas mit dem Oberbürgermeister zu tun. Denn irgendwann schien seine Vorsicht in Aktionismus umzuschlagen.

In Jena hatte die Verwaltung zeitweise sogar Parkbänke abgesperrt und die Schalter an Fußgängerampeln abgeklebt, damit die Bürger sie nicht berühren. "Das war Quatsch", sagt Oberbürgermeister Nitzsche im Rückblick, "und das haben wir auch schnell korrigiert. Trotzdem wird es mir von Kritikern immer wieder vorgehalten." Schülern wollte die Stadt Jena vorschreiben, auch im Unterricht Maske zu tragen. Ein Gericht kassierte die Verordnung.

Jetzt hat die Zeit des Aufrechnens begonnen. Damit macht zum Beispiel Mathias Pletz, Infektiologe am Uni-Klinikum Jena, seine Erfahrungen. Pletz, der die Stadtverwaltung beriet und einer der führenden deutschen Infektiologen ist, hat an seinem Krankenhaus vorbildliche Hygienestandards etabliert. Jeder neu aufgenommene Patient wurde hier zunächst in ein Einzelzimmer gelegt und auf das Coronavirus getestet. Aber das war teuer. Am Uni-Klinikum blieben noch mehr Betten frei als anderswo. Es werde sehr schwer werden, das wirtschaftlich aufzufangen, sagt Pletz. Doch jeder müsse jetzt eben mit Einschränkungen leben.

Er rechne mit einer zweiten Welle im Herbst, und selbst wenn die nicht komme: Das Virus werde bleiben. Schon deswegen könne die Maskenpflicht nicht aufgehoben werden. Stattdessen, findet Mathias Pletz, könne Jena doch wieder einmal Vorreiter werden und beweisen, dass die Maske – zumindest in der Erkältungssaison – dauerhaft zum Teil der Kultur werden kann.

Europäische Union: Gesicht gewahrt

Geld gegen Recht: Die EU hat den Kampf gegen die Autoritären in ihren eigenen Reihen aufgenommen.

Von Matthias Krupa

29. Juli 2020, 16:53 Uhr Editiert am 30. Juli 2020, 19:10 Uhr DIE ZEIT Nr. 32/2020, 30. Juli 2020 384 Kommentare

Betrachtet man die Europäische Union mit den Augen von Viktor Orbán, hat man ein Schlachtenpanorama vor Augen. Ständig wird gegeneinander gekämpft, überall lauern "Feinde", und immer geht es ums Ganze: wenn schon nicht um Leben oder Tod, dann doch um den "Stolz der ungarischen Nation".

Sein Land habe Glück, dass er Soldat gewesen sei, erklärte der ungarische Ministerpräsident seinen Landsleuten nach dem jüngsten, kräftezehrenden EU-Gipfel in einem Radio-Interview: "Mein halbes Leben habe ich in Trainingslagern und Umkleiden verbracht, und obwohl ich nicht mehr der Alte bin", so Orbán, sei er seinen Gegnern physisch überlegen. "Einige dieser liberalen Leichtgewichte, mit denen ich diskutieren musste, die trage ich doch noch auf meinem Rücken hinweg." Das Ergebnis des jüngsten Treffens fasste er wie folgt zusammen: "Die ungarischen und polnischen Kräfte haben bei Brüssel den Angriff der liberalen internationalen Brigaden aufgehalten."

Man mag lächeln über die aufgeplusterte Rhetorik, aber Orbán meint es ernst. Er skizziert stets dieselbe Schlachtordnung: Soldaten wie er müssen das christliche Europa und seine Nationen gegen die finsteren, gottlosen Kräfte des Liberalismus verteidigen, gegen fremde Menschen und Kulturen und natürlich gegen George Soros; der Spekulant und Philanthrop ist Orbáns Lieblingsgegner.

Dass der Ungar in diesen Tagen besonders laut dröhnt, ist kein Zufall. Die Propaganda soll verschleiern, was in Brüssel tatsächlich beschlossen wurde. Orbán behauptet, er habe in Brüssel alle Versuche, die Vergabe von EU-Geldern an Kriterien der Rechtsstaatlichkeit zu binden, verhindert. Doch so ist es nicht.

"Die finanziellen Interessen der Union", heißt es in der Abschlusserklärung des EU-Gipfels, seien "im Einklang mit den Werten gemäß Artikel 2 EUV zu schützen". EUV steht für die Europäischen Verträge, als zentrale Werte werden dort die "Achtung der Menschenwürde, Freiheit, Demokratie, Gleichheit, Rechtsstaatlichkeit" genannt. Komme es künftig zu Verstößen dagegen, so die Staats- und Regierungschefs weiter, werde die Kommission "Maßnahmen vorschlagen, die vom Rat mit qualifizierter Mehrheit angenommen werden". Mitgliedsländern, die die Rechtsstaatlichkeit verletzen, sollen künftig die Mittel gekürzt werden. Ein Novum – ausdrücklich haben die Staats- und Regierungschefs damit den Zusammenhang festgehalten, den Orbán abstreitet. Den er aber selbst mit beschlossen hat.

Nur, warum behauptet er trotzdem, er habe die "internationalen liberalen Brigaden" geschlagen? Und warum werfen viele, nicht nur liberale Europaabgeordnete den Staats- und Regierungschefs vor, sie hätten die Werte der EU verraten?

Der Gipfelkompromiss sei "eine Kriegserklärung an den Europäischen Rechtsstaat", sagt der grüne Europaabgeordnete Daniel Freund. So weit würde Daniel Caspary, der Vorsitzende der CDU/CSU-Gruppe im Europaparlament, nicht gehen. Caspary lobt die Einigung, aber auch er sagt, der Beschluss zur Rechtsstaatlichkeit müsse "nachgeschärft" werden.

Viele Abgeordnete fühlen sich in ihrer Kritik durch Meldungen aus Warschau und Budapest bestätigt. Der polnische Justizminister hat vor einigen Tagen gefordert, sein Land solle die sogenannte Istanbul-Konvention verlassen, ein internationales Abkommen zum Schutz von Frauen vor Gewalt und Diskriminierung in Europa. Und in Ungarn steht eines der wichtigsten unabhängigen Nachrichtenportale vor dem Aus, nachdem ein Orbán nahestehender Unternehmer Anteile einer Firma erworben hat, die das Anzeigengeschäft des Portals abwickelt.

Das Prinzip ist eindeutig

Die EU hat sich von jeher als Wertegemeinschaft definiert. Dass aber in den gemeinsamen Institutionen über den Umgang mit der Justiz oder den Medien in einzelnen Mitgliedsstaaten gestritten wird, ist neu. Früher reichte es, wenn die Länder beim Beitritt zur Union nachwiesen, dass sie sich an rechtsstaatliche Prinzipien hielten. Die EU hatte so ihren Anteil daran, dass in ehemaligen Diktaturen wie Spanien oder Griechenland der Übergang zur Demokratie gelang. Nun hat sich die Dynamik umgedreht: Weil einzelne Mitgliedsländer die Rechtsstaatlichkeit infrage stellen, muss die Union reagieren. Nur wie?

Im Dezember 2017 hat die Europäische Kommission zum ersten Mal ein sogenanntes Rechtsstaatsverfahren eröffnet, gegen Polen. Seit September 2018 wird ein solches Verfahren auch gegen Ungarn geführt. Beide Regierungen weisen die Vorwürfe zurück – und wehren sich gegen die Einmischung in ihre nationale Souveränität. Das Regelwerk für diese Verfahren ist unerprobt und heikel; hier müssen Länder gleichsam übereinander urteilen. Denn um einen Mitgliedsstaat zu bestrafen – möglich ist sogar ein Entzug des Stimmrechts –, müssten alle anderen Länder einig sein. So weit ist es bislang nicht gekommen. Ungarn konnte sich darauf verlassen, dass Polen einen entsprechenden Beschluss verhindert – und umgekehrt.

Aber je weiter die wirtschaftliche Integration der EU fortschreitet, desto drängender werden die Fragen nach der inneren Verfasstheit. Kann man gemeinsam Schulden aufnehmen, es jedoch ignorieren, wenn die Unabhängigkeit der Justiz oder der Medien zerstört werden?

Wer EU-Gelder bekommt, soll die Rechtsstaatlichkeit achten – so eindeutig das Prinzip ist, so unklar ist, wie es künftig durchgesetzt werden kann. Das erklärt auch die unterschiedlichen Reaktionen: Orbáns Triumphgeheul und die Kritik der Abgeordneten eröffnen die nächste Runde der Auseinandersetzung.

Zunächst muss nun die Kommission einen Vorschlag machen. Ihre Präsidentin Ursula von der Leyen kann dabei auf einen Gesetzentwurf zurückgreifen, der seit 2018 vorliegt. Er sieht vor, dass die Kommission die Auszahlung von Geldern kürzen kann, wenn sie feststellt, dass ein Land etwa die Gewaltenteilung missachtet. Der Clou des damaligen Vorschlags: Sanktionen könnten nur aufgehalten werden, wenn eine "qualifizierte Mehrheit" der Mitgliedsländer sie innerhalb eines Monats ablehnt. Eine qualifizierte Mehrheit ist erreicht, wenn mindestens 15 der 27 Mitgliedsländer, die mindestens 65 Prozent der Gesamtbevölkerung der Union ausmachen, für oder gegen eine Maßnahme stimmen.

Ein oder zwei Länder würden nach diesem Modell künftig nicht mehr reichen, um Sanktionen zu blockieren. Die Staats- und Regierungschefs haben eine etwas weniger aggressive Variante ins Spiel gebracht. Demnach müssten die Mitgliedsländer möglichen Sanktionen mit qualifizierter Mehrheit zustimmen.

Eine wesentliche Rolle fällt in den nächsten Wochen dem oft belächelten Europaparlament zu. Die Abgeordneten müssen dem Haushalt zustimmen – und allen begleitenden Gesetzen, also auch einem möglichen Sanktionsmechanismus. Der CDU-Abgeordnete Caspary beharrt auf dem ursprünglichen Kommissionsvorschlag: "Künftig muss eindeutig gelten: Wenn die Kommission etwas moniert, braucht es eine qualifizierte Mehrheit dagegen, um eine Kürzung von EU-Mitteln zu verhindern." Theoretisch könnten die Abgeordneten den Beschluss sogar vollständig kippen. So weit wird es nicht kommen, dafür steht zu viel auf dem Spiel – vor allem zu viel Geld. Aber kampflos wollen sie das Feld, das Orbán markiert, nicht räumen.

Pink Lady: Diese Äpfel werden überwacht

Pink Lady heißt die erste Sorte, die weltweit zu einem Markenprodukt gemacht wurde. Wer sie anbaut, unterwirft sich totaler Kontrolle

Von Ruth Fulterer

12. August 2020, 16:39 Uhr Editiert am 17. August 2020, 5:42 Uhr DIE ZEIT Nr. 34/2020, 13. August 2020 37 Kommentare

Pink Lady ist eine Diva. Ein Apfel mit Allüren. Die Bäume, an denen er wächst, blühen früher als alle anderen. Geerntet wird er trotzdem als Letzter, noch bis Ende November hängt er an den Zweigen. Und wer ihn pflücken will, sollte nicht nur Ahnung vom Obstanbau haben. Sondern sich auch mit Paragrafen auskennen. Sonst wird aus einer Obstwiese voller prächtiger Apfelbäume schnell wieder ein gewöhnlicher Acker.

Das erlebt gerade ein Bauernpaar aus Südtirol, das im Tal südlich von Bozen eine Wiese, voll mit Pink-Lady-Apfelbäumen, gekauft hat. Bald werden Bagger die Bäume aus dem Boden reißen und zerstören. Nicht weil sie eine Krankheit hätten oder sich ihre Äpfel nicht gut verkaufen würden. Sondern weil der Verkäufer des Grundstücks die Anbaulizenz für Pink-Lady-Äpfel nicht zusätzlich verkauft hat. Deswegen stehen die Bäume hier jetzt illegal.

Pink Lady ist der Name eines Apfels, der zur globalen Marke wurde. Während Sorten wie Braeburn oder Boskop von jedermann angebaut werden dürfen, kontrollieren die Inhaber der Pink-Lady-Rechte die gesamte Wertschöpfungskette. Sie verdienen an jedem verkauften Apfel und jedem gepflanzten Baum. Die Strategie funktioniert. Denn obwohl ein Kilo im Supermarkt drei Euro und damit locker doppelt so viel kostet wie ein Kilo konventioneller Äpfel, steht Pink Lady heute gemäß der World Apple Review der Obstmarktanalysefirma Belrose bereits auf Platz acht der globalen Anbaustatistik, in der Daten für China allerdings fehlen.

Züchter, Landwirte und Vermarkter in aller Welt tun gleichwohl alles, um die Erfolgsgeschichte von Pink Lady mit neuen Äpfeln zu wiederholen.

Dessen Geschichte begann 1973, als der Australier John Cripps vom staatlichen australischen Forschungsinstitut Western Australian Department of Agriculture die neue Sorte Cripps Pink zum ersten Mal kreuzte und die nächsten 20 Jahre damit verbrachte, die ideale Tochtersorte zu finden. Beim Kreuzen werden Tausende Male Blüten mit dem Pollen anderer Sorten bestäubt. Bis eine Mischung mit den gewünschten Eigenschaften herauskommt, können zwanzig bis vierzig Jahre vergehen. In dieser Hinsicht unterscheidet sich die Entwicklung neuer Äpfel kaum von der neuer Medikamente.

In den Neunzigern sicherte sich der nationale Obstbauernverband Apple and Pear Australia Ltd. die Sortenrechte und den zugehörigen Markennamen Pink Lady. Etwa zur gleichen Zeit kämpften Obstbauern im Rest der Welt mit einem Problem. "Bauern bekamen immer weniger für ihre Äpfel, der Markt war in einer strukturellen Überproduktion", sagt Gerhard Dichgans, damals Geschäftsführer des Verbands der Südtiroler Obstgenossenschaften.

Auf der Suche nach einem Ausweg aus der Krise lernte Dichgans die Firma Starfruits kennen, die die Pink-Lady-Rechte für Europa innehatte und ihm erklärte, warum die Exklusivapfel-Strategie sein Problem lösen würde: Wenn nämlich nur wenige Bauern die Rechte zum Anbau hätten, ließen sich die Qualität und die Menge der Äpfel besser kontrollieren. Auch würde sich Werbung lohnen, wenn jeder, der entlang der Vermarktungskette davon profitiert, mitzahlen würde. Kurz: Aus einem schnöden Apfel ließe sich ein Premiumprodukt machen.

Weil Pink-Lady-Äpfel zudem nur in warmem Klima gedeihen, mussten die Südtiroler aus traditionellen, aber kühleren Apfelländern wie Deutschland oder Polen keine Konkurrenz befürchten. Also übernahmen sie 1998 von Starfruits das Pink-Lady-Geschäft für ihre Region. "Es war schwierig, den Bauern das Konzept einer lizenzierten Sorte zu vermitteln, für die Lizenzgebühren ins Ausland zu überweisen waren, weil es in Europa in unserem Sektor absolutes Neuland war", erzählt Dichgans.

Trotz anfänglicher Skepsis beteiligten sich genug experimentierfreudige Bauern. Zunächst blieb der Erfolg aus, weil viele Handelsketten Äpfel lieber in Säcke mit eigenem Logo verpacken wollten. Doch das änderte sich, als die Kunden die höheren Apfelpreise akzeptierten. Pro Kilo Äpfel verbleibt bei den Pink-Lady-Bauern heute etwa ein Euro. Pro Hektar Anbaufläche seien die Erlöse damit im Durchschnitt ungefähr doppelt so hoch wie bei einer herkömmlichen Sorte wie Gala, sagt Walter Guerra, Apfelexperte am Agrarforschungszentrum Laimburg in Südtirol. In der Region sei das Interesse an Pink-Lady-Anbaulizenzen inzwischen so groß, dass der Verband der Obstgenossenschaften ein Losverfahren eingeführt habe, um neue Lizenzen fairer zu verteilen – und auch Neueinsteigern eine Chance zu geben.

Der Platz in den Supermärkten ist begrenzt

Für die Flächenlizenz zahlen die Bauern nichts, doch die Pink-Lady-Bäume sind mit rund zwölf Euro mehr als doppelt so teuer wie andere Sorten, denn auch die Baumschulen verdienen an der Premiumsorte und zahlen ihrerseits Abgaben an Starfruits. Einen Hektar Obstwiese für die Produktion von Pink Lady herzurichten kostet inklusive junger Bäume, Pflanzarbeit, Stützstangen und dergleichen insgesamt etwa 65.000 Euro – statt 40.000 Euro wie bei herkömmlichen Sorten. Was die Bauern an Starfruits an Lizenzgebühren zahlen müssen, wird nach Erntemenge berechnet: je Kilo ein paar Cent, rund fünf Prozent dessen, was die Bauern für ihre Äpfel bekommen.

Werbung war von Anfang an Teil des kommerziellen Erfolgs des Pink Lady. Schon bei der Markteinführung in den Neunzigern gab es Plakatwände und TV-Spots. Ein Pink-Lady-Truck tourte durch Städte und lud Passanten zum Probieren ein. Bis heute klebt auf jedem Apfel ein kleiner herzförmiger Sticker: das Markenlogo. Finanziert wird die Werbung von der Organisation Pink Lady Europe, einem Zusammenschluss aller, die an der Apfelproduktion beteiligt sind, vom Bauern bis zum Obstgroßhändler. Auch an Pink Lady Europe zahlen die Bauern je Kilo Äpfel rund fünf Cent.

Wichtig für ein Markenprodukt ist seine konstante Qualität. Deshalb müssen die Obstbauern zahlreiche Standards beachten, wie Thierry Mellenotte erklärt, der Geschäftsführer von Pink Lady Europe: "Die Apfeloberfläche muss zu mindestens 40 Prozent tiefrosa sein, der Zuckergehalt über 6,8 Grad Brix liegen." Unterschiede gibt es allein bei den Größenvorgaben, die je nach Zielland variieren. "Italiener und Spanier mögen große Äpfel, Skandinavier und Briten kleine, Deutschland kauft mittelgroß", sagt Mellenotte.

Nach Angaben von Pink Lady Europe erfüllen im Durchschnitt 65 bis 70 Prozent der Ernte sämtliche Kriterien. Alle anderen dürfen nicht mehr als Pink Lady verkauft werden, allenfalls als Cripps Pink sind sie noch handelbar. Für diese Ware bekommen Bauern dann 90 Prozent weniger Geld – gerade mal zehn Cent pro Kilo.

Kritiker bezeichnen die derart genormte Sorte abschätzig als "Designerapfel". Für den Pomologen Guerra überwiegen aber die Vorteile: Die Bauern bekämen mit dieser Exklusivsorte ein Alleinstellungsmerkmal, das helfe, im internationalen Wettbewerb zu bestehen. Zudem sei das Exklusivmodell von Pink Lady Europe relativ fair. Die Markeninhaberin Starfruits bestimme Kriterien und Strategie nicht von oben herab, sondern in Kooperation mit der

Organisation Pink Lady Europe, die schließlich auch von Bauern und Züchtern getragen werde. Gemeinsam beobachten sie den Markt und geben nur so viele neue Lizenzen frei, wie voraussichtlich Äpfel verkauft werden können. Das soll ein Überangebot und damit einen möglichen Preisverfall verhindern. Im Jahr 2025 sollen beispielsweise in Europa 275.000 Tonnen Pink Lady produziert werden – das entspräche etwa drei Prozent der gesamten europäischen Apfelproduktion.

Wenig verwunderlich, dass Züchter versuchen, den Erfolg zu wiederholen. Entstanden neue Sorten früher vor allem in staatlichen Forschungszentren und konnten dann von Bauern kostenlos angebaut werden, sind heute Obsthandelsfirmen die Treiber der Innovationen. Sie orientieren sich an den Marktaussichten, entwickeln rotfleischige oder klimaresistente Äpfel, kernlose und solche mit weniger Allergenen.

Entstanden sind neue Exklusivsorten wie Jazz, Kanzi oder Cosmic Crisp. Sie haben Internetseiten, Social-Media-Auftritte. Kanzi sponserte in diesem Jahr die Berlinale. Dass sie den Erfolg von Pink Lady wiederholen können, garantiert das aber nicht.

Denn der Platz in den Supermärkten ist so begrenzt wie die Zahl an Apfelsorten, die sich ein Konsument merken mag.

Klimaziel 2020: Europas Werk, Coronas Beitrag

Deutschland erreicht das Klimaziel für 2020 – vielleicht – doch noch. Die Pandemie könnte den Ausschlag geben, die Gründe sind komplexer

Von Stefan Schmitt

26. August 2020, 16:50 Uhr Editiert am 27. August 2020, 12:03 Uhr DIE ZEIT Nr. 36/2020, 27. August 2020 179 Kommentare

Deutschland könnte doch noch sein Klimaziel für 2020 erreichen: Diese Nachricht sorgte in der vergangenen Woche für Schlagzeilen, als die Bundesregierung ihren Klimaschutzbericht für 2019 veröffentlichte. Wirken die Maßnahmen doch besser als gedacht – nachdem die Bundesrepublik zuletzt Jahr für Jahr an ihren selbst gesteckten Zielen zu scheitern schien?

In dem 150-seitigen Dokument berichtet das Bundesumweltministerium detailliert über die Entwicklung des Treibhausgasausstoßes im Land. Grundlage ist die vorläufige amtliche Statistik der Emissionen ("Vorjahresschätzung"). Während die Autorinnen und Autoren ihre Bilanz für 2019 zu Papier brachten, wirkte sich die Corona-Krise auf die Volkswirtschaft aus.

Klar, wenn in Fabriken Kurzarbeit herrscht und Flüge gestrichen werden, entweichen auch weniger Treibhausgase (abgekürzt als THG). Und so heißt es im Bericht: "Wenn nun die tatsächlichen THG-Emissionen für das Jahr 2020 voraussichtlich deutlich niedriger ausfallen, könnte das 40%-Ziel erreicht werden."

Das Ziel von minus 40 Prozent bis Ende 2020: Zu dieser Verringerung der Emissionen im Vergleich zur Menge des Jahres 1990 hatte sich Deutschland verpflichtet; als erster Schritt zur Klimaneutralität Mitte des Jahrhunderts. Zwischenzeitlich schien dieses Minus unerreichbar zu sein. Nun könnte die Pandemie – zynisch gesprochen – dabei helfen.

Allerdings ist dies alles andere als gewiss, nur eine Möglichkeit, plausibel zwar, aber im Konjunktiv, die da für Schlagzeilen gesorgt hat.

Während man auf Daten über die Corona-Auswirkungen noch warten muss, lässt sich ein überraschend starker Emissionsrückgang im vergangenen Jahr mittlerweile berechnen. Damit bestätigt sich die Hochrechnung des Berliner Thinktanks Agora Energiewende vom Januar, der zufolge 2019 der Ausstoß so stark gesunken ist wie zuletzt 2009 infolge der Finanzkrise. Diesmal ohne Krise (ZEIT Nr. 3/20).

Interessant sind die Faktoren dafür. Eine große Rolle spielt das sonnige und windige Wetter des vergangenen Jahres. Vor allem aber ist die Einsparung ein Erfolg des europäischen Emissionshandels, bei dem die Rechte zum Ausstoß von CO_2 ein wenig teurer geworden waren (ihr Preis bildet sich am Markt, er lag 2019 zwischen 20 und 30 Euro pro Tonne). Das genügte, damit Strom aus alten deutschen Kohlekraftwerken unwirtschaftlich wurde und weniger davon erzeugt wurde.

Und das ist die schlechte Nachricht für den Klimaschutz im Jahr 2021: Sollte die Wirtschaft EU-weit nicht wieder Vor-Corona-Niveau erreichen, könnten CO2-Zertifikate billiger als 2019 sein – und dreckiger Strom wäre wieder rentabel.

Immerhin zeigen die Zahlen, dass der Emissionshandel wirken kann. Und ab dem kommenden Jahr wird in Deutschland auch für den Verkehrs- und Wärmebereich ein CO2-Preis eingeführt. Diese Sektoren müssen sich bislang nicht am Emissionshandel beteiligen – und sie schneiden beide im Klimabericht der Regierung schlecht ab: Während die Energiewirtschaft, die Industrie und die Landwirtschaft weniger Treibhausgase verursachten, haben Heizungen und Verbrennungsmotoren 2019 nämlich mehr davon ausgestoßen.

Berlin Biennale: Hoffen auf Heilung

Die Berlin Biennale sucht ihr Glück in der Esoterik.

Von Hanno Rauterberg

9. September 2020, 17:04 Uhr Editiert am 10. September 2020, 14:59 Uhr DIE ZEIT Nr. 38/2020, 10. September 2020 11 Kommentare

Für die Philosophin Nancy Fraser wäre diese Berlin Biennale gewiss ein Fall von progressivem Neoliberalismus, schließlich zeigt sich hier einmal mehr, wie mühelos das Standortmarketing der Hauptstadt und die Sponsoreninteressen eines Autoherstellers zusammengehen mit dem, was man gemeinhin Gegenkultur nennt. Allerdings könnte man ebenso gut von konservativem Progressismus sprechen. Es mag ja bereichernd sein, sich auf dieser Ausstellung von schamanischer Traumaheilung bei den Tz'utujil in Guatemala erzählen zu lassen oder einigen Mapuche-Frauen beim Weben einer Landkarte zuzusehen. Und bestimmt ist es nicht völlig abwegig, mehr über die Maya-Kosmologie erfahren zu wollen, über eine FKK-Kolonie im argentinischen Cordoba oder über nichtbinäre Meerjungfrauen. Doch alles Eindrückliche und Kuriose wirkt auf dieser Biennale zugleich konventionell, ja altbacken. Denn seit Jahrzehnten folgt ein Großteil der Kuratoren den immer gleichen Mustern der Systemkritik, wobei nicht unbedingt die Kritik selbst fragwürdig ist, sondern ihr Schematismus.

Eine Überraschung allerdings gibt es nun doch: Der weltumspannende Aktivismus, der aus vielen Kunstwerken spricht, fällt bei dieser Biennale geradezu sanftmütig, ja versöhnlich aus. Hier führt der Weg in den antikapitalistischen Kampf nicht über brennende Barrikaden, vielmehr soll das "System" auf unbedingt achtsame Weise weggetanzt, fortgesungen, kleingebetet werden. Man habe in Berlin "private und kollektive Gegenkirchen" errichten wollen, schreiben die vier Kuratoren in ihrem Katalogvorwort, "transfeministische Tempel", in denen "spirituelle Heiler*innen" dafür sorgten, dass die Ausstellung als "gemeinsames Atmen, gegenseitige Berührung und Bewegung" erfahren werden könne. Entsprechend hat sich ein Großteil der Künstler einer weniger politischen als esoterischen Heilungsabsicht verschrieben, zum Beispiel die Brasilianerin Castiel Vitorino Bresileiro, von der es im Kurzführer heißt, ihr Körper sei "in der Lage, Geister in sich aufzunehmen und so jene aus der Falle zu befreien, die in sie durch die

Klassifizierung des Westens geraten sind". Die Biennale als exorzistische Beglückung.

Auch in dieser Hinsicht erweisen sich die vier Kuratoren, allesamt aus Lateinamerika stammend, als gute Traditionswächter, war doch die westliche Avantgarde schon vor gut hundert Jahren für jede Art von Okkultismus zu haben. Sie suchte, ähnlich wie die Biennale heute, nach den Restbeständen einer irgendwie authentischen, naturverwurzelten Kultur, um damit der nivellierenden Moderne etwas Rettendes entgegenzusetzen. Die Kunst der Kinder, der Verrückten und der südlichen Hemisphäre galt und gilt als tendenziell unverdorben und also als Zeichen eines erlösten, weil unentfremdeten Lebens.

Auch wenn man es damals Primitivismus nannte und heute lieber von einer Kultur der Indigenen spricht, ist doch die Sehnsucht nach dem arglos Guten ungebrochen. Vermutlich wird sie künftig sogar wachsen, denn die Welt jenseits der Biennale wird bekanntlich von Zorn und Wut und einem entschiedenen Willen zum Irrglauben beherrscht – sodass der Kunst kaum etwas anders bleibt, als auf liebe und gern auch folkloristische Weise auf die Versöhnung von allem mit allen zu hoffen.

Gesellschaftsbild: Katholische Zeitreisen

Meine Kirche lebt in Echtzeit und in Gegenzeit.

Von Erik Flügge

25. September 2020, 8:00 Uhr Erschienen in Christ & Welt 1 Kommentar

Starregisseur Christopher Nolan hat einen neuen Film gedreht. Er heißt Tenet und ist ein großartiges Kunstwerk. Denn Nolan gelingt es in Tenet, die Zeit gleichzeitig vorwärts und rückwärts laufen zu lassen. Als Katholik fällt es mir leicht, mich mit diesem Film anzufreunden. Ich bin Mitglied in einer Kirche, die gleichzeitig in Echtzeit nach vorne und in Gegenzeit nach hinten lebt.

Natürlich weiß ich, für welches Gesellschaftsbild die katholische Kirche steht – aber ich bin wie so viele Mitglieder und Mitarbeitende gut darin, es zu verdrängen.

Jetzt, da wir im Synodalen Weg öffentlich besprechen, was wir daran ändern können, prallt in Gegenzeit die Welt des Katholizismus auf meine gelebte Zeit.

Frauen sollen gleiche Rechte haben. – Ernsthaft, das müssen wir noch diskutieren? Trans- und Homosexualität sind nicht vom Bösen. – Ernsthaft, das denken noch Leute? Das Abendmahl kann mit Protestanten auch gemeinsam gefeiert werden. – Ernsthaft, das geht noch immer nicht? Ja, ich weiß, die Regeln des Katholizismus sind so, aber der gelebte nicht.

In der Pastoral ist längst Realität, worüber wir formal noch diskutieren.

Das Drama unserer Kirche ist, dass in der Pastoral längst Realität ist, worüber wir formal noch diskutieren. Wir bewegen uns gleichzeitig mit und gegen die Zeit.

Ich habe schon so oft an gemeinsamen Abendmahlfeiern mit Protestanten teilgenommen, während jetzt in Gegenzeit die Diskussion auf mich prallt, ob das in Zukunft gehen könnte.

Was als Kunstprojekt im Film Spannung erzeugt, ist in einer real existierenden Kirche eine Verkrampfung. Denn all die vielen Millionen Frauen, die sich seit Jahrzehnten in Staat und Gesellschaft emanzipiert haben und weiter emanzipieren, werden in katholischen Debatten wie in einer Zeitschleife erneut mit Argumenten konfrontiert, die längst in nahezu allen anderen Gesellschaftsbereichen überwunden sind. Selbst die Bundeswehr ist weiter als wir – obwohl, das stimmt nicht ganz. Wir sind in der gelebten Praxis weiter als die Bundeswehr, nur nicht in der Gegenzeit des Kirchenrechts.

Das Gleiche passierte uns allen im deutschen Katholizismus erst neulich. Als wir vom Bischof bis zum Gemeindemitglied irritiert auf die römische Klarstellung starrten, die besagte, dass Laien keine Leitung wahrnehmen dürfen. Die längst gelebte Realität prallte donnernd auf eine römische Instruktion aus der Gegenzeit, die irgendwie anders verläuft.

Wie wirkt das alles erst auf jene Mitglieder, die uns nur medial vermittelt mitbekommen? Was denken die, wenn wir jetzt, heute, in diesem Moment diskutieren, was vor Jahrzehnten schon zu Ende diskutiert wurde? Halten sie diesen Diskurs für ein faszinierendes Zeitexperiment oder wenden sie sich ab?